삶의 목적이 흐릿할 때 읽는
윤스키 리더십

삶의 목적이 흐릿할 때 읽는
윤스키 리더십

초판 1쇄 발행 _ 2020년 12월 15일
재정판 1쇄 발행 _ 2023년 1월 20일

지은이 _ 윤스키
펴낸곳 _ 바이북스
펴낸이 _ 윤옥초
책임 편집 _ 김태윤
책임 디자인 _ 이민영

ISBN _ 979-11-5877-333-5 03190

등록 _ 2005. 7. 12 | 제 313-2005-000148호

서울시 영등포구 선유로49길 23 아이에스비즈타워2차 1005호
편집 02)333-0812 | **마케팅** 02)333-9918 | **팩스** 02)333-9960
이메일 bybooks85@gmail.com
블로그 https://blog.naver.com/bybooks85

책값은 뒤표지에 있습니다.

책으로 아름다운 세상을 만듭니다. ― 바이북스

미래를 함께 꿈꿀 작가님의 참신한 아이디어나 원고를 기다립니다.
이메일로 접수한 원고는 검토 후 연락드리겠습니다.

삶의 목적이
흐릿할 때 읽는
윤스키
리더십

윤스키 지음

바이북스
ByBooks

감사의 글

책을 집필하기로 결심한 순간부터 글을 쓰고 출간하기까지 감사
한 분들이 많다.

'윤스키 패밀리'

우선 나에게 생명을 주시고 삶의 목적을 알려 주시고 이끌어주시
는 하나님께 감사드린다.

말썽꾸러기인 나에게 조건 없는 사랑이 무엇인지 삶으로 보여주
신 사랑하는 부모님; 죽음의 문턱에서 살아 돌아와 가치 있는 삶을
살도록 해준 형, 형수님, 예준성왕이; 어깨를 펴고 당당하고 담대하
게 사는 삶을 보여주신 장인어른, 장모님, 처남 부부

'GMI 러시아 패밀리'

겨울 모스크바에서 출발한 기차 안에서 러시아어 가르쳐주시며
국가대표의 마음가짐을 가지도록 관점을 송두리째 바꿔주신 김광신
목사님/김영진 사모님; 철없는 내가 러시아 생활에 적응하도록 헌

신적으로 사랑해주신 (고) 곽정국/심순희 선교사님; 러시아에서 나를 키워주신 영적 부모 조경호/조명숙 선교사님; 아내와 나의 영적 어미 되신 이은혜 목사님; 나의 젊음을 함께 하고 앞으로도 함께 동역할 사랑하는 러시아 은혜교회 패밀리

'JAMA/GLDI 미국 패밀리'

나보다 나를 더 믿어주시고 언제나 세워주시며 섬김과 희생의 리더십이 무엇인지 보여주신 김춘근 교수님/김성매 사모님; 겸손의 아이콘 강순영 목사님; 열정의 상징 GLDI 코리아 대표 이대희 교수님; 인생의 멘토가 되어주신 GLDI 교수님들과 JAMA 스태프 캐티, 수현, 진욱; 평생을 함께 할 GLDI 동문들

'3P 패밀리'

철저한 자기관리를 몸소 실천하며 롤모델이 되어주신 3P 자기경영연구소의 강규형 대표님; "기적이 필요하다"고 말씀하시면서 나를 끝까지 포기하지 않고 이끌어주신 용현중 싸부님; 3P 임직원 여러분; DDD 패밀리와 인뽁죠 선배님들

1인기업가로 꿈을 키울 수 있도록 가르쳐주시고 본을 보여주시고 "일과 삶은 하나다"를 몸소 실천하고 계시는 김형환 교수님

"내가 하면 너도 할 수 있다"를 보여준 나의 독서멘토 이재덕 싸부님; 나의 "시조새급 선배"인 대한민국 최초 CHPC 민복기 코치님; 나의 마케팅멘토인 국가대표 마케터 에이티투 박진영 대표님; 나의 자녀교육멘토 체인지 인문교육 코칭센터 심현진 대표님

가치를 삶으로 살아내는 엠트리/아웃오브보트 최영환 대표님; 일단 결정한 것은 최고의 선택으로 만드는 CAL(아시아리더십센터) 김홍수 대표님; 국가대표로 미래를 준비하는 진로전문가 캠퍼스멘토 안광배 대표님과 에듀체인지 지재우 대표님; 영화 속 이야기도 현실로 만드는 허그인 신성국 대표님

신앙인으로 삶을 대하는 진지한 마음가짐과 지혜를 가르쳐주신 배철호 목사님

더 이상 책쓰기를 미루지 못하게 "채찍질"해준 실행멘토 박현근 코치님; 포기하고 싶을 때마다 지속할 힘이 되어주신 "글쓰기로 사람 살리는 이은대 작가님"; 초보작가를 귀하게 여겨주시고 인내로 끝까지 완주할 수 있도록 함께 해 주신 바이북스 윤옥초 대표님

쓸데없는 이야기를 해도 재충전되게 해 주는 월패 멤버들과 2006

년 519 프로젝트 때 나를 믿어주고 응원해주고 후원해주신 모든 분들께

책 출간 날짜를 선포할 때부터 집필 과정 지속적 응원해주신 윤스키 아카데미 단톡방 선배님들께 이 지면을 빌어 감사의 마음을 전한다.

끝으로 지난 10년간 나를 믿고 동행해준 나의 사랑하는 반쪽, 나보다 더 나은 반쪽 아내 김예린, 아빠로 사는 것이 얼마나 행복한 것인지 알게 해준 사랑하는 딸 시우에게 깊은 사랑을 전하고 싶다.

<u>스티븐 코비 박사를 만났다.</u>

처음에는 책으로, 그 후 세 번 과테말라(2005), 러시아(2006), 한국(2008)에서 만났다.

중력의 법칙처럼, 사람이 성장하고 살아가는 과정에도 원칙이 있다는 사실을 깨달았다. 그 후 인생을 바라보는 관점과 삶의 방향과 습관에 변화가 오기 시작했다. 달라지기 시작했다.

내 인생을 바꾼 책

대학교 1학년, 《성공하는 사람들의 7가지 습관》이란 책을 통해 스티븐 코비 박사를 처음 만났다.

"아하! 유레카!"

《성공하는 사람들의 7가지 습관》은 일단 아주

'나쁜' 책이다. 두껍고, 깊이 생각하며 읽어야 한다. 학생들이 소설처럼 편하게 읽기에는 무리가 있다. 저자도 그걸 인정했는지, 오래지 않아 아들 숀 코비가 《10대들을 위한 7가지 습관》을 출간했다.

여하튼 우리나라뿐 아니라 내가 가본 선진국의 경우 웬만한 집에는 이 책이 한 권씩 있었다. 성경 다음으로 많이 팔린 책이라고 할 정도다. 누군가의 집을 방문하면 책장에 눈이 갔다. 초판 인쇄본이 꽂혀 있는 경우를 종종 접했다. 책을 펼치면 깨끗했다. 제대로 완독하기 어려운 '나쁜' 책임이 틀림없다. 그런데도 내가 여러 번 정독했다는 사실이 놀랍다. 평소 독서에 관심도 많지 않던 내가 이 책에 열광했던 건 절실함 때문일까?

한국에서 중학교를 마치고 러시아 쌍트페테르부르크로 유학 떠나 러시아 사립 고등학교 김나지아 그레이스에서 4년을 보냈다. 4년 동안 언어와 문화에 적응하기보다 사람과의 관계가 더 어려웠다. 나를 오랫동안 알고 지낸 사람들은 의아해할 수도 있다. 대부분은 나를 밝고 긍정적이고 사교성 좋은 사람으로 생각한다. '내면의 나'를 모르기 때문이다.

학창시절의 나는 조금 달랐다. 중고등학교 시절을 돌아보면 자아인지 못하고 불편한 내면의 감정 해결하기 위해 본능적으로 반응하며 보냈던 시절이었다. 시험 잘 본 친구를 축하하고 함께 기뻐하면

내면에 잠들어 있는 '진짜 나'와
겉으로 보이는 가면 사이에서
끝도 없이 방황과 고민을 거듭했다.
딜레마를 해결할 방법이 절실했다.
그때 만난 책이 바로
스티븐 코비 박사의 책이다.

서도, 내면의 나는 부러움과 질투심에 사로잡혔다. 인기 많은 친구들 그룹에 끼고 싶어서 하자는 대로 하며 따라다녔다. 금수저 집안 친구들과 비교하며 부모를 원망하기도 했다. 이기고 싶고 인정받고 싶었다. 부유한 집 친구들과 도시락을 먹으면서 소시지 반찬 하나 얻어먹기 위해 찰싹 붙어 있는 내가 싫었다. 소시지 반찬을 못 먹을 정도로 가난해서가 아니라 건강을 생각해서인지 어머니께서 도시락 반찬으로 안 싸줬는데 비싸서 안 싸주는 걸로 착각했다. 이것이 내면의 나였다. 참고로, 러시아 유학 기간 동안 소시지를 원 없이 먹었다. 소시지가 부의 기준이라면, 아마도 나는 재벌이 되고도 남았을 거다.

내면의 나를 감추기 위해, 부정적 혹은 이해할 수 없는 불편한 감정이 들 때면 더 긍정적으로 보이도록 노력했다. 문제는 내면의 나라는 존재와 그에 관한 이해를 전혀 하지 못하던 시절이라, 무조건 나쁜 거라 여기며 억압하기만 했다. 거절당하는 것이 두려워 싫다는 말 한번 못하고 예스맨으로 살았다. 타인이 부담을 느낄 것 같은 행동은 알아서 삼갔다. 사람들은 '가짜' 나를 좋아했고, 나는 점점 가면에 익숙해져 갔다. 내면에 잠들어 있는 '진짜 나'와 겉으로 보이는 가면 사이에서 끝도 없이 방황과 고민을 거듭했다. 딜레마를 해결할 방법이 절실했다. 그때 만난 책이 바로 스티븐 코비 박사의 책이다.

물론 그 책을 읽고 나의 내면적인 문제가 바로 해결된 것은 아니었다. 빠른 문제 해결방법을 제시하는 책도 아니다. 그렇지만 새로운 관점으로 문제를 바라볼 수 있게 되었다. 이해할 수 없었던 현상과 갈등, 그리고 이면에 감추어져 있던 원인과 뿌리를 어렴풋이 들여다볼 수 있었다. 여전히 불편함이 남아 있었지만 견딜 수 있었다. 문제가 하루아침에 해결되지 않아도 조급해하지 않았다. 자유로운 '나'를 만날 수 있을 거라는 희망만으로 충분했다. 그렇게 나는 조금씩 변화를 시작했다.

《성공하는 사람들의 7가지 습관》에서 코비 박사는 말했다. 무언가를 배울 때 가장 잘 습득하는 방법은 누군가에게 직접 설명해보는 것이라고. 책에서 배운 내용이 무엇이든 48시간 이내에 세 명과 공유하라고. 그 말이 내게는 반드시 해내야 할 과제처럼 다가왔다. 나는 성실하게 그 과제를 수행했다. 덕분에 당시 내 러시아 친구 중에 스티븐 코비를 모르는 사람이 없을 정도였다. 나와 이야기를 나누는 과정에서 희망을 얻고 격려가 되었다는 친구들이 많았다. 나의 변화와 성장을 위한 실천이 주변 사람들에게까지 선한 영향을 전하는 결과를 가져온 것이다. 나는 그 과정 자체가 즐겁고, 보람 있었다. 코비 박사에게 고마운 마음 가득했다.

《성공하는 사람들의 7가지 습관》을 읽은 후로 코비 박사를 세 번 더 만날 수 있었다. 코비 박사와의 만남은 내 삶의 새로운 시작이 되었다. 지금 리더십 훈련을 하는 내게 새 삶이 되었다. 코비 박사에게 덕을 입은 나는 누군가에게 의미 있는 일을 하고 싶었다. 그것은 이 책을 집필하는 이유이기도 하다.

잊을 수 없는 만남

러시아에서 가장 오래된 쌍트페테르부르크국립대학교에서 국제관계학부 2학년을 마치고 1년간 휴학을 했다. 그 뒤 부모님이 계신 과테말라에서 6개월간 스페인어 연수를 하고, 콜롬비아로 여행을 떠났다. 그곳에서 아버지로부터 짧은 이메일을 받았다.

"사랑하는 윤스키. 피일 보낸다. 아빠가……."

Stephen R. Covey hablará sobre liderazgo, en la UFM

5 mayo, 2005

De la efectividad a la grandeza es el título de la conferencia que Stephen Covey dictará en el Auditorio Juan Bautista Gutiérrez de la Universidad Francisco Marroquín el

jueves 9 de junio de 2005 de 8:00 a.m. a 12 p.m.

Para jóvenes habrá una actividad simultánea, en circuito cerrado, a
precio de estudiante.

Covey, autor de Los *7 hábitos de la gente altamente efectiva* y de *El 8º hábito, de la efectividad a la grandeza*, es considerado como una de las 25 personas más influyentes de nuestro tiempo.

Stephen R. Covey autor de *Los 7 hábitos de las personas altamente efectivas*

파일에는 과테말라에서 강연을 한다는 스티븐 코비 박사의 강연 전단이 있었다. 《성공하는 사람들의 7가지 습관》의 후속작인 8번째 습관 책이 출간된 후였는데, 관련 강연을 위해 과테말라에 온다는 내용이었다. 박사님을 뵙고 싶었지만 일단 부족한 나의 영어 실력이 걱정이었다. 350달러나 되는 수강료도 간단한 문제가 아니었다. 이래저래 망설이고 있는데, 아버지께서 나에게 용기를 주셨다.

"스티븐 코비 같은 사람이 되는 것이 꿈이니, 강연에 참석해보렴. 아빠가 네 꿈을 후원해줄게."

아버지의 후원에 힘입어 일정을 조절해 과테말라로 돌아왔다. 그러나 박사님을 직접 만나기에는 어려움이 있었다. 강연장은 천 명이 넘게 수용되는 대강당이었고, 그 많은 사람 중의 하나인 내가 어떻게 박사님을 만날 수 있을까? 그리고 만난다면 어떻게 나를 소개하고, 어떤 대화를 나눌 수 있을까?

고민 끝에 명함을 만들었다. 당시 대학교 3학년에 마땅히 만들 타이틀도, 직장도 없었지만, 미래의 꿈을 심어 만들었다. 명함에는 대학교 3학년 재학 중이라는 내용과 사람들의 잠재력 개발을 통해 성공하도록 돕겠다는 내 비전을 담았다. 시간 관리 강사, 동기부여 강사, 리더십 책 저자, 기업 리더십 컨설턴트, 그리고 프랭클린코비 러시아 지사장 등의 미래 이력서도 넣었다. 시간 관리 강사라는 것을 제외하고는 모든 것이 '미래(future)'라고 적었다. 솔직히 말하자면 시간 관리 강사라는 타이틀도 '현재'와는 거리가 멀었다. 감명 깊게 읽은 책을 친구들에게 소개한 정도가 전부였기 때문이다. 하지만 그냥 우기기로 작정했다.

행사 날, 새벽같이 일어나 강연장으로 향했다. 강연장에 도착하니, 정말 많은 사람이 와 있었다. 마로킹(Universidad Francisco Marroquín)이라는 과테말라 최고의 사립대학교 강당이었는데, 내가 유일한 동양인이었던 것 같다. 진짜 황당한 상황은 강연을 마친 뒤였다. 강연이 끝나면 스티븐 코비 박사님에게 직접 인사드리려고 했는데, 나와 똑같은 계획을 세운 사람이 수십 명에 달했다. 더 큰 문제는 박

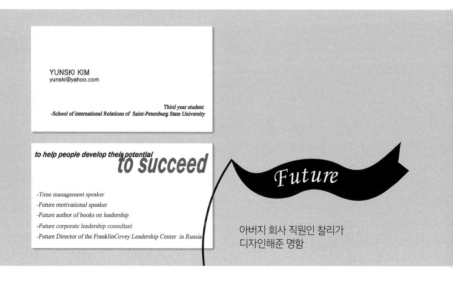

YUNSKI KIM
yunski@yahoo.com

Third year student
-School of international Relations of Saint-Petersburg State University

to help people develop their potential
to succeed

-Time management speaker
-Future motivational speaker
-Future author of books on leadership
-Future corporate leadership consultant
-Future Director of the FranklinCovey Leadership Center in Russia

Future

아버지 회사 직원인 찰리가
디자인해준 명함

사님의 모습이 보이지 않는다는 것이었다. 박사님은 보통 강연 마무리 전 청중에게 미리 인사를 하고, 마지막 영상을 튼 뒤 무대에서 내려가기 때문이다. 이미 박사님은 대기실로 가신 듯했다. 그 길은 당연히 경호원들에게 막혀 있었다. 즉, 코비 박사님에게로 갈 길은 없었다.

'아……. 뵐 방법이 없는 걸까?'

'이대로 그냥 돌아갈 수는 없어.'

수도 없이 생각하며 방법을 찾았지만 막막하기만 했다. 나와 같은 목적을 가진 수십 명의 사람들과 주변에서 40분 동안 기다리고 관찰하는 것 외에 별다른 수가 없었다. 긴 기다림 중에 한순간 경호원들의 행동에 변화가 있었다. 스티븐 코비 박사님이 이동하려는 듯했다. 본능적으로 평생 있을까 말까 한, 단 한 번의 기회라는 느낌이 들었다. 같이 기다리던 수십 명 중에서도 가장 절실했던 사람은 나였다. 누군가는 책 저자를 만나는 것이 그렇게 큰 의미가 있는 것인가 의아해할 수 있겠지만, 인생에서 꼭 만나고 싶은 사람, 닮고 싶은 사람을 바로 눈앞에 둔 적이 있다면 내 마음을 이해할 수 있으리라 생각한다.

사람들에 둘러싸여 리무진으로 이동하는 코비 박사님이 눈에 들어왔다. 본능적으로 박사님을 따라 움직였지만 진입장벽이 너무 높았다. 절박해진 나는 나도 모르게 외쳤다.

2005년 6월 9일 과테말라에서

"자네, 아주 주도적이구먼."
"박사님께서 가르쳐 주신 첫 번째 습관입니다."
"줄리! 내 명함을 좀 주게."

미래의 이력서 명함은 이렇게 코비 박사님에게 드리게 되었고
그 순간부터 프랭클린코비 지사는 이미 내 마음에 세워지기 시작했다

"코비 박사님! 제가 당신을 뵙기 위해서, 한국에서, 날아왔습니다!"

그 순간 코비 박사님이 발걸음을 멈추고 내가 있는 쪽을 바라보았다. 유일한 동양인인 나와 눈이 마주쳤고, 이리 오라는 손짓을 했다. 손짓을 신호로 인파가 갈라졌다. "홍해가 갈라지는 역사"는 성경에만 나오는 것이 아니었다. 그렇게 우리의 만남은 이루어졌다. 준비해간 명함을 박사님에게 전달했다. 잠깐 나의 명함을 살펴본 박사님이 이렇게 말했다.

"자네, 아주 주도적이구먼."

"박사님께서 가르쳐 주신 첫 번째 습관입니다."

"줄리! 내 명함을 좀 주게."

코비 박사님은 수행원을 통해 내게 개인 명함을 주었다. 이어서 내 명함에 적힌 미래 이력서를 보고는 이렇게 말했다.

"러시아에 우리 프랭클린코비 지사가 이미 세워진 것으로 알고 있으니, 확인해 보게."

내가 휴학하고 있는 동안 러시아 MTI라고 하는 컨설팅 회사에서 FranklinCovey사와 파트너십을 체결했다는 것을 알고 있었다. 하지만 그것이 그렇게 중요하지 않았다. 스티븐 코비 박사님과의 만남 자체가 중요했다.

나는 과테말라인 수행원에게 요청했다.

"저기, 박사님과 사진 한 장만 부탁드려요!"

"저희가 지금 대통령을 만나러 가는 길이라 시간이 없습니다."

수행원은 단호한 표정과 엄숙한 몸짓으로 나를 막아섰다. 하지만 난 웃으면서 손가락으로 V를 그리며 다시 말했다.

"사진은 2초면 찍을 수 있는데요!"

다행히 우리는 영원히 사진 속에서 함께할 수 있게 되었다. 코비 박사님과의 첫 만남은 첫 인증사진까지 남기는 역사적인 순간이 되었다.

간절히 바라면 길이 있다

과테말라에서 코비 박사님과 처음 만난 후 러시아로 돌아가 복학했다. 그다음 해인 2006년 5월 19일에 코비 박사님이 모스크바에 오신다는 소식을 들었다. 세미나에 참석해서 교육도 받고 인사도 드리고 싶었지만, 이번에도 돈이 발목을 잡았다. 단 하루의 교육 과정이 1,500달러였다. 하루 교육비 1,500달러는 대학교 3학년인 나에게는 어마어마한 금액이었다. 모스크바까지 왕복하는 기차비, 숙박비, 선물비 등을 생각하면 2,000달러는 기본으로 필요한데, 나에게는 200불도 없었다.

고민에 빠졌다. 물론 몇 가지 대안은 있었다. 첫째, 박사님에게 무료로 참석하게 해달라고 부탁하기, 둘째, 부모님 혹은 형한테 비용을 후원해달라고 요청하기. 셋째, 열심히 일해서 돈 벌기. 세 가지 방법 다 마음에 들지 않았다. 박사님에게 무료 참석을 요청하자니 면목이 없었고, 가족에게 손 벌리자니 내가 초라해 보였다. 세 번째 방법이 가장 나았지만, 학기 중에 그 돈을 벌기란 불가능에 가까웠다.

어느 날 친구를 만나 대화를 하는 동안에도 머릿속에 1,500이라는 숫자만 계속 맴돌았다. 그러다 나도 모르게 친구에게 이렇게 말했다.

"오딜, 나 50달러만 주라!"

"뭐에 필요한데?"

친구가 뜬금없이 그렇게 요청하면 "돈 없어, 인마"라고 대꾸했을 법도 한데, 오딜은 진지하게 물어봐 주었다. 오딜은 그런 친구였다.

"내가 스티븐 코비 박사님 좋아하는 거 알지? 그분이 5월 19일에 모스크바에 오시는데, 꼭 가서 뵙고 싶어. 그런데 그게 내가 감당할 수 있는 비용이 아니야!"

"그래? 그럼 50불 줄게."

사실 누군가에게 돈을 요구해본 적도 없었고, 모금을 할 만큼 얼굴이 두껍지도 않았다. 어떤 답변을 원해서 했던 말이 아니라 그냥 '나 어쩌지'라는 심정으로 뱉은 말이었다. 그런데 이렇게 시원하게 답을 주니 깜짝 놀랐다. 당시 러시아 학생들에게 50달러는 적지 않은 돈이었다. 1,500달러 중에서 50달러를 해결해준 고마운 친구의 대답은 내게 깨달음을 주었다.

'진정으로 원하면 이루어지는구나!'

남은 1,450달러를 마련해야 했다. 그날 밤부터 수많은 아이디어가 떠올랐다. 잠을 잘 수가 없었지만 전혀 피곤하지 않았다. 생각이 떠오르면 일어나 노트에 적고, 다시 잠을 청하는 식으로 몇날 며칠을 보냈다. 그리고 그 내용을 잘 정리해서 'DREAM SALES: 꿈을 팝니다'라는 이름을 붙였다. DREAM SALES는 나의 꿈에 관한 이야기였다. 내가 러시아에 온 이유, 공대에서 공부하다 아팠던 일을 계기로 삶의 방향이 바뀐 것, 그 과정에서 스티븐 코비 박사님에게 받은 영향, 앞으로 박사님 같은 사람이 되어 사람들에게 선한 영향력을 끼치겠다는 포부 등이 담겨 있었다. 나는 '이 꿈이 여러분의 마음에도 의미가 있다면 제가 그 꿈을 향해 가도록 믿고 지지해주십시오'라는 당부까지 담아 곳곳에 편지를 보냈다. 그러자 정말 상상하지 못한 일이 일어났다. 세계 각지에서 많은 분들이 나를 지원해준 것이다. 50달러, 100달러씩 재정적 지원을 해주신 분들 덕분에 3,500달러 이상이 모금되었다. 가족, 한국 중학교 동아리 월패 친구

519 프로젝트

들, 러시아 쌍트페떼르부르크 은혜교회 대학부 친구들은 이 모든 과
정에서 가장 큰 지지를 해주었다. 특별히 기업 컨설팅을 하시는 똘
로뻴로 선생님께서는 인터뷰 시뮬레이션을 도우시며 코칭해주셨고,
불어 영어 전문 에디터인 앙드레는 나의 편지와 모든 글을 에디팅
해주었다. 심지어 교회 자매들은 명함을 줄 때 손톱이 중요하다면서
손톱관리까지 해주었다.

이렇게 '519 프로젝트'는 시작되었다.

세미나 날짜가 5월 19일이어서 그런 이름을 붙인 것이다. 여하튼
이 과정에서 나는 정말 값진 것을 얻었다. 돈도 재능도 아닌, 누군

3500달러 모금

> 이 과정에서 나는 정말 값진 것을 얻었다.
> 돈도 재능도 아닌,
> 누군가가 나를 믿어주고 지원해 주는 것이
> 얼마나 큰 힘이 되는지 깨닫게 되었다.

가가 나를 믿어주고 지원해 주는 것이 얼마나 큰 힘이 되는지 깨닫게 되었다. 나는 정말 잘 준비해서 박사님과의 만남을 토대로 더 성장해야겠다고 다짐했다.

2006년 5월 19일 러시아 모스크바에서

그것이 나를 도와준 분들에게 보답하는 길이었다.

5월 19일 행사 당일, 일찍부터 행사장으로 갔다. 대규모 교육은 아니었고 참석자는 대부분 기업가였다. 대학생은 나 그리고 같은 학교 여학생 한 명, 이렇게 두 명이었다. 그 친구는 알아주는 부잣집

딸인데, 신청한 아빠가 사정이 생겨 대신 온 것이다.

첫 강의 후 쉬는 시간에 스티븐 코비 박사님과 오랜만에 인사를 나눴다. 쉬는 시간 후 두 번째 강의에서 박사님은 이곳에 자신의 과테말라 친구가 와 있노라며 나를 대중에게 소개했다. 나를 기억해주는 것이 너무나 기뻤다. 더군다나 러시아에서 처음으로 《성공하는 사람들의 7가지 습관》 돛대클래스를 개최한 회사는 MTI라고 하는 러시아 컨설팅 회사로 프랭클린코비사의 러시아 파트너였는데, 나한테 놀라운 제안을 하기도 했다. 결국 그 제안을 거절하고 다른 길을 갔지만 글로벌 리더십을 향한 나의 도전은 이후로도 계속되었다.

가장 멋진 생일선물

2007년 러시아에서 공부를 마치고 다시 프랑스 유학길에 올랐다. 러시아에서 학사학위를 받는 데 시간이 꽤 오래 걸렸지만, 프랑스에서 석사를 마치고 국제기구에 들어가려는 생각에서였다. 2008년 대학원 지원 후 여름 미국에서 참여했던 글로벌리더십개발원(GLDI) 훈련을 이수한 후 프랑스 석사 계획을 변경했다. 현재는 한국에서 윤스키 아카데미를 운영 중이다.

프랑스 유학 중이던 2008년 가을에 잠깐 한국에 나온 적이 있었다. 그때 나는 생애 가장 멋진 생일선물을 받게 되었다. 선물을 준 주인공은 친구의 꿈을 위해 50달러를 선뜻 내어준 오딜이다. 고등학교 동창인 오딜은 타지키스탄 출신이다. 그런데 한국으로 유학을 와서 대학원까지 마친 뒤 지금은 귀화해서 한국인으로 살고 있다. 당시 오딜은 내가 한국에 와 있다는 것을 알고 연락을 해왔다. 나를 위해 어떤 강연 VIP 티켓을 두 장 준비했으니 함께 가자고 했다. 오딜을 만나 고려대학교 대강당으로 갔다. 알고 보니 그날 스티븐 코비 박사님이 '시간 관리 페스티벌' 주 강사로 강연하시는 것이었다. 일단 대강당으로 들어가 VIP 자리에 앉았다. 곧 엄청나게 많은 사람으로 대강당이 가득 찼고, 들뜬 분위기 속에서 강연이 시작되었다.

책도 읽고 강연도 들어본 터라 강연 내용이 눈에 선했다. 코비 박사님이 강연 중에 꼭 하는 퍼포먼스(?)가 하나 있다. 7가지 습관 중 5번째 습관인 '윈-윈 전략'에 관해 설명할 때 청중 가운데 한 사람을 무대로 불러 팔씨름을 하는 것이다. 물론 부른다고 사람들이 바로 나가지는 않는다. 왜 부르는지 설명을 하지 않고, 힘이 세서 자신을 이길 수 있는 사람을 나오라고 하기 때문이다.

그날도 박사님은 5번째 습관을 설명할 때 어김없이 힘센 사람을 불렀다. 재미있는 것은 VIP석, 즉 1층에 앉아 있는 사람만 지원이 가능했다. 코비 박사님이 청중에게 겁을 주며 힘센 사람 한 명 나오

2008년 12월 5일 고려대학교에서

코비 박사님이 청중에게 겁을 주며
힘센 사람 한 명 나오라고 할 때
나는 이미 무대로 뛰어 올라가고 있었다.
코비 박사님은 나를 알아보고 반갑게 맞아 주었다.
덕분에 함께 강연장에 서는 좋은 기회를 얻었다.

라고 할 때 나는 이미 무대로 뛰어 올라가고 있었다. 코비 박사님은 나를 알아보고 반갑게 맞아 주었다. 덕분에 함께 강연장에 서는 좋은 기회를 얻었다.

코비 박사님은 비행기 일정 때문에 본인의 강의만 마치고 급하게 이동해야 했다. 한국리더십센터 직원들이 분주하게 에스코트하는데 코비 박사님이 잠깐 들어오라고 해서 짧게 말씀을 나누고 사진을 찍었다. 그렇게 보내드린 것이 코비 박사님과의 마지막 만남이었다. 2008년 12월 5일 내 생일을 나는 절대 잊지 못할 것이다.

모든 강연이 끝나고 나는 행사를 녹화한 카메라맨에게 찾아갔다. 오늘 무대에 올라간 영상을 받고 싶다고 했더니, 차가운 말투로 일반인에게는 줄 수 없다고 대답했다. 나도 무대에 올라갔으니 그 부분만이라도 기념으로 받게 해달라고 했지만, 역시 같은 대답이 돌아왔다. 게다가 카메라맨의 얼굴에는 귀찮음과 짜증이 그대로 드러나 보였다. 얼핏 카메라에 새겨진 충주 MBC 로고가 보였다. 나는 다시 조심스럽게 물어봤다.

"혹시 구본상이라고 아시나요?"

그랬더니 카메라맨의 태도가 갑자기 바뀌었다.

"구본상 아나운서님을 어떻게 알죠?"

"우리 형 절친한 친구인데 충주 MBC에서 근무하거든요."

문득 떠오른 형의 친구가 힘을 발휘했다. 카메라맨은 아주 친절하게 영상을 주겠다고 약속했다. 그리고 그 약속을 지켰다.

그저 재미있는 에피소드 같지만 나에게는 시사하는 바가 크다. 혼자만의 힘과 노력만으로 꿈을 이루기는 어렵다는 것을 내게 알려준 에피소드이기 때문이다. 내 인생에서 스티븐 코비 박사를 만날 수 있었던 것도 아버지의 도움 덕분이었다. 코비 박사님을 두 번째로 만날 때는 수많은 사람이 응원해주었고, 무엇보다 친구 오딜의 도움이 있었다. 오딜은 코비 박사님의 세 번째 만남에서도 도우미 역할을 톡톡히 했다. 그가 내 생일이라며 VIP 티켓을 선물하지 않았다면 만남은 이루어지지 않았을 것이다.

지금에 와서 스티븐 코비 박사를 생각하면 마음이 짠하다. 소천하신 것에 대한 안타까움도 있지만, 그보다 나 스스로에 대한 찜찜한 마음이다. 나는 2006년 모스크바에서 박사님을 만났을 때 내가 쓸 첫 책에 추천서를 부탁드렸었다. 그때 박사님은 웃으면서 한번 읽어보겠다고 대답하셨는데, 책을 쓰겠다는 나의 다짐이 14년이 지난 지금에서야 실행에 옮겨진 것이다. 아직 내 분야의 전문가가 아니라는 생각에, 아직 준비가 덜 되었다는 생각에, 아직 영어가 부족하다는 생각에 계속 미루기만 했었다. 그것이 못내 찜찜하다.

하지만 찜찜함도 꿈을 향해 가는 과정에서 누릴 수 있는 특권이라 생각한다. 찜찜함이 없었다면 어쩌면 영원히 책 쓰기를 시도하지 않았을지도 모른다. 그래서 찜찜함은 소중하다. 이 찜찜함을 원동력으로 삼아 미래를 향해 나아가야겠다 다짐해본다.

나는 행복한 가정에서 훌륭한 부모 아래 어려움 없이 자랐다. 커다란 절망과 어려움 끝에 이뤄낸 성공 신화가 내게는 없다. 대단한 업적도 쌓지 않았다. 평범한 사람이 어제보다 나은 오늘을 위해, 조금씩 성장하기 위해 노력하는 여정만 있을 뿐이다. 이 책은 그것에 관한 이야기다. 보고 듣고 생각하고 깨달은 이야기를, 아픔과 상처, 기쁨과 희열이 함께 녹아 있는 보통 사람의 '도전과 노력'을 보여주고 싶었다. 누군가에게 작은 희망이 되고 격려가 되기를 바라는 마음으로 썼다. 더 나아가 내 실수를 토대로 누군가는 시행착오를 줄일 수 있기 바란다. 가치 있는 삶을 살기 위해 고민하고 애쓴 점에서 나름의 보람과 기쁨을 느낀다.

이 책은 나의 성장과 리더십에 관한 이야기다. 전문 서적은 아니지만, 무엇보다 솔직하고 정성껏 쓰기 위해 노력했다. 경험만큼 훌륭한 지식은 없다고 믿는다. 나의 경험이 독자들에게 전문 서적 이상의 가치를 전할 수 있기를 바라는 마음 간절하다.

2020년 12월
윤스키

contents

chapter 1

청소년을 위한 글로벌 리더십

chapter 2

글로벌 리더의 글로벌한 기술

chapter 3

글로벌 리더의 글로벌한 가치관

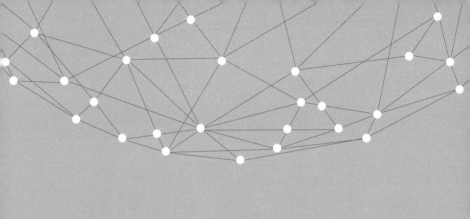

chapter 1

청소년을 위한
글로벌 리더십

나의 인생을 송두리째 바꾼 사건은 러시아 유학이고,

책은 스티븐 코비 박사의 《성공하는 사람들의 7가지 습관》이다.

리더십에 대해 눈을 뜨게 된 두 사건을 통해 삶이 변화했는데,

자신의 미래에 대해 불안함을 느끼는 청소년에게

내 경험을 꼭 들려주고 싶었다.

글로벌 리더가 되려면 패러다임을 바꾸는 결심이 필요하고,

열정적인 실천과 올바른 태도가 필요하다.

이 장에서는 실제 청소년을 위한

글로벌 리더십 교육의 사례와 특히 "관·선·도"가

어떻게 리더십 함양에 도움이 되는지도 다룰 것이다.

오아시스와 같은
인생 책

사람마다 '인생 책'이 있다. 나에게는 스티븐 코비 박사의 책이
그것이다. 본래 인간관계에 관한 책들을 좋아했는데, 대학에 가면서
지도력과 자기계발에 관한 책들에 더 관심 가지게 되었다. 가장 큰
영향을 받은 책은 《성공하는 사람들의 7가지 습관》이다. 이 책을 처
음 접한 것은 고등학교 때 부모님에 의해서다. 그때는 읽다 어려워
서 포기했다가 대학생 때 다시 읽으며 큰 영향을 받았다. 가장 큰 도
움이 된 내용은 책 초반에 나오는 "성품 윤리"와 "성격 윤리"이다.

성품윤리는 내적인 성품을 중요하게 생각하는 사고이고 성격윤
리는 외적인 성격을 중요하게 생각하는 사고이다.

외적 성격중심 사고는 대인관계를 원활하게 해주는 성격으로 대
중적 이미지, 태도와 행동, 기법, 기술 등이 성공에 더 크게 작용한
다고 생각한다.

내적 성품중심 사고는 언행일치나, 겸손, 절제, 용기, 정의, 인내, 근면, 소박, 수수함, 황금률 같은 덕목을 강조한다.

성품 윤리의 개념은 내게 큰 깨달음으로 다가왔다. 고등학교 시절 내내 인간관계에 대한 고민이 아주 많았기 때문이다. 데일 카네기의 《인간관계론》을 읽으며 많은 도움을 받긴 했지만, 갈등을 빨리 해결하는 방법만을 찾던 나는 조금 더 근본적인 관점에서 인간관계를 바라볼 필요를 느꼈다. 그 필요를 느끼게 해준 것이 성품 윤리이다.

성품 윤리와 성격 윤리의 근본적인 차이는 시간이다. 성격 윤리가 상처를 빨리 치료하는 응급조치 같은 기술이라면, 성품 윤리는 시간이 걸리더라도 상처의 뿌리를 찾아 원천적인 원인을 해결하는 것이다. 코비 박사의 연구에 따르면 200여 년간의 성공학 문헌들을 보면 거의 성품 윤리에 관해 이야기했다. 본질적인 가치들이 강조되었다는 말인데, 예를 들어 신뢰, 희생, 헌신, 사랑 등과 같은 것이다. 그런데 두 차례의 세계대전을 겪은 후 빠른 해결책을 찾는 기술적인 방법들, 즉 성격 윤리가 주목을 받기 시작했다고 한다.

나 또한 사람들에게 호감을 얻기 위해서 할 수 있는 기술, 사람들에게 신뢰를 주기 위해 할 수 있는 기술에 더 집중했었다. 친구와의 관계에서도 적용하려고 했던 것은 기술적인 요소들이 더 많았다. 물론 기술적인 것들이 나쁘다고만 볼 수 없다. 적절한 상황에서 적절하게 쓰인다면 더할 나위 없이 좋은 것들이다. 문제는 지나친 의존도이다. 나 역시 기술에만 의존해서 '갈등 해결'이라는 성과를 달성하려고 했고, 그래서 끊임없이 흔들렸다. 흔들리는 나를 성품 윤리가 붙잡아주었다. 성품 윤리 개념을 통해 기술은 조금 미숙할지라도 장기적인 관점에서 더 중요한 개념이 있다는 것을 깨닫게 되었다.

깨달은 나는 조금 더 근원적인 질문을 던지기 시작했다.

'내가 친구와의 관계를 정말 소중히 생각하는가?'
'나는 진심으로 친구가 잘되기를 원하는가?'

수없이 질문을 던진 끝에 답을 얻어냈다. 지금 내가 어떤 노력을 해도 관계가 개선되지 않을 수 있지만 한 가지만은 확실했다. 내가 정말 친구를 아끼고 사랑한다면 언젠가 그 진심은 전달될 거라는 사실! 나는 스스로에게 말했다.

"조급해하지 말자. 이것은 원칙이고 원칙에 근거해 선택한다면
결국 심은 대로 거두게 될 거야."

갈등 해결에 집착하고, 그것이 뜻대로 되지 않아 자학까지 했던 나에게 오아시스와 같은 깨달음이었다.

갈등이 있었던 친구 중 한 명과의 관계에서 이 깨달음을 지키고

살려고 부단히 애를 썼다. 그렇게 몇 년이 지나면서 나도 친구도 성숙했다. 우리의 관계는 많이 개선되었고, 지금도 가깝게 지내고 있다. 이 책을 쓴 스티븐 코비 박사님에게 너무 감사했다. 나도 사람들에게 선한 영향력을 끼침으로써 많은 사람을 돕고 싶어졌다. 스티븐 코비 박사님은 나의 롤 모델이 되었다. 언젠가는 그분을 뵙고, 그분과 같은 일을 하고 싶다는 뜨거움 마음이 저 밑바닥에서 올라오기 시작했다.

한국을 떠나면
글로벌 리더가 되는가

2019년 6월 6~8일, 2박 3일에 걸쳐 진행되는 독서캠프에 강의 의뢰를 받았다. 이름하여 독서포럼나비에서 진행하는 '단무지'. 단순하게 무식하게 지속해서 독서만 2박 3일 한다는 대한민국 최대 규모 독서 행사이다. 이 행사의 특이한 점은 주로 가족 단위로 온다는 것이다. 500명이 넘는 인원이 모여 책을 읽는다는 것. 2018년에 내가 직접 가보기 전까지, 머리로는 도무지 이해 가지 않았다.

특강 주제는 글로벌 리더십. 아마도 내가 5개 국어를 구사하고, 60개국 이상의 나라를 다녔고, 당시 미국에서 글로벌리더십개발원 GLDI 소속으로 지내고 있으니 그 주제를 준 것 같았다. 내 일과 상관없이 부담되는 주제였다. 2020년 8월로 미국의 글로벌리더십개발원(GLDI) 소속은 그만 두었다.

우드로 윌슨 대통령이 이런 말을 남겼다.

10분 연설을 해야 한다면 일주일 준비 시간이 필요하다. 한 시
간 연설이라면 지금도 준비되어 있다.

"If I Am To Speak Ten Minutes, I Need a Week for Prepara-
tion; If an Hour, I Am Ready Now."

나에게는 1시간이 아니라 2시간이 주어졌는데, 쉽지 않은 과제였
다. 일단 글로벌 리더십이란 주제로 강의를 해본 적이 없었다. 더구
나 나의 주 교육대상은 대학생부터 성인이었지만, 청소년을 대상으
로 한 강의는 '단무지'가 처음이었다. 당연히 일주일이 훨씬 넘는 시
간이 필요했다.

나는 '외국어와 해외 경험 없이 배우는 글로벌 리더십'을 주제로
정했다. 주제를 정하자 다음의 질문들이 떠올랐다.

'왜 그렇게 외국어를 배우려고 하는가?'

'왜 그렇게 유학을 보내려고 하는가?'

'정말 한국의 학교 교육이 별로라서?'

'정말 구체적이고 원대한 꿈이 있어서?'

'혹시라도 한국을 떠나기만 하면 잘될 것 같은 막연한 기대에 부
모 혹은 학생 자신이 합리화하는 것은 아닐까?'

'해외에 나가면 정말 다 그렇게 잘될까?'

외국어를 배우는 것은 이제 선택이 아니라 필수다. 내가 자랄 때 초등학교 영어수업이 막 도입됐다. 강의를 할 때, 우리 딸은 충북 시골 어린이집에 다녔는데, 거기서도 영어를 배웠다. 영어 유치원도 줄을 서고, 심지어 태교영어로 임산부인 엄마도 영어공부를 한다.

'영어가 인생에서 너무나 중요한 탓일까?'

이 질문에 대해 여러 가지 의견이 있을 것이다. 여하튼 사회적 분위기로는 영어 없이는 진짜 중요한 일은 못 할 것 같은 압박감(?)이 느껴진다. 졸업 및 취업을 하기 위해서 무조건 배워야 하는 안타까운 현실이다. 외국어가 불필요하다는 이야기를 하려는 것은 아니다. 학업, 취업이 아니더라도 여행, 외국인과 교류할 때 유용하다. 해외 가서 언어장벽으로 불편함을 겪어본 이들은 치밀어 오르는 외국어 습득 욕구를 경험했으리라. 외국어 능력이 더 많은 기회를 제공하는 것은 사실이다. 그러나 외국어 능력이 없다고 열등감이나 자괴감을 느낄 필요는 없다. 혹시 금수저만 누리는 능력이라는 생각에 피해의식, 자격지심이 있지는 않은가? 한국인이 한국어를 하는 것이 기본이지 외국어를 못한다고 자존감을 잃을 필요는 없다.

내가 유학을 떠날 때 우리 형이 말했었다.

"꿈과 비전이 막연한 사람은 열 개를 배우고 한두 개도 못 써먹지만, 꿈과 비전이 명확한 사람은 서너 가지를 배워도 전부 활용한다."

맞는 말이다. '언젠가 필요하겠지', '도움이 되겠지'라는 막연한 생각으로 외국어를 배우고 유학을 가지만 실제로 삶에서 하나도 사용하지 않는 사람들을 정말 많이 봤다. 불안한 심리는 충분히 이해가 가지만, 외국어를 배우겠다면 왜 배우고 싶은지, 어떤 용도로 사용하고 싶은지를 분명히 할 필요가 있다. 그러면 공부하는 시간도 훨씬 절약할 수 있고, 유용하게 써먹을 수도 있다. 무엇을 하더라도 "왜?"라는 질문이 더 중요하다. 똑같이 외국어를 배워도 뚜렷한 목적의식을 가지고 배우는 사람, 그냥 좋아서 배우는 사람, 안 배우면 안 될 것 같아 배우는 사람은 큰 차이가 있다.

언어도, 해외 경험도 그것들 자체가 '내 인생의 해결책'이 될 것이라는 막연한 기대감으로 공부하는 것은 너무나 수동적인, 그리고 자신이 통제할 수 없는 영역에 승부를 거는 무모한 태도이다. 언어를 배우는 것도 좋고 해외 경험도 좋지만, 그보다 먼저 이루어야 할 몇 가지에 관해 이야기하고 싶다.

요즘 모두가 좋아하는 단어 중 하나가 '글로벌'이다. 글로벌 감각, 글로벌 인재, 글로벌 리더 등 '글로벌'을 수식어로 쓴 단어들도 많다. 일단 글로벌 감각을 키우기 위해서 해외 경험을 하고 외국 문화와 언어를 익히는 것은 중요한 요소임에는 분명하다. 하지만 조금 더 원천적인 질문을 해보자.

"외국 생활 많이 하면 다 성공하고 다 리더가 되는가?
그 반대의 경우는 글로벌 리더가 될 수 없나?"

다른 나라 출신의 글로벌 리더들을 보면 답을 알 수 있다. 적어도 내가 리더라고 느꼈던 이들은 외국어 익히기나 외국 생활 체험보다 자신의 정체성을 명확하게 세우는 일을 우선했다. 자기 것을 알고 소중히 여기는 것이 가장 국제적인 것이다. 이탈리아 사람이 이탈리아 사람다울 때 가장 멋진 것이다. 나는 190개국에서 리더들이 모인 자리에도 가봤지만, 그들에게는 자신의 색깔에 자부심을 느끼고 자신의 것에 대한 책임을 지는 태도가 가장 기본이었다. 우리는 그 점을 배워야 한다. 자기 것에 대한 이해나 자부심도 없이 막무가내로 남의 것이 좋아 보여서 추구하는 태도는 빵점이다.

외국 문화에 대한 이해와 소통을 위한 언어 능력이 부족하다면 조금 불리할 수는 있겠지만, 외국어와 외국 문화가 곧 리더십으로 이어지는 것은 아니다. 그것들은 리더의 손에 쥐어지는 도구 정도에 불과하다. 더 나은 사람, 더 나은 리더를 만들어주는 본질은 아니다.

해외 생활과 외국어 습득을 통해서 얻을 수 있는 것은 공감 능력이다. 열린 마음이다. 자신이 지금까지 알고 있던 것이 전부가 아니라는 것을 인정하고, 이해하고, 수용하는 겸손함이다. 겸손한 마음 없이는 불평과 오만과 이기심만 더 커지는 많은 부작용이 일어난다.

외국어와 해외 경험에 대한 갈망도, 의지도 다 좋지만, 그런 기회가 자신에게 주어지지 않는다고 해서 실망할 필요는 없다. 왜냐면 그 이전에 준비할 '관·선·도'가 리더로 성장할 수 있는 기회를 주기 때문이다. 이어지는 글에서 더 자세히 설명하겠지만 '관·선·도'는 외국어와 해외 경험보다 확률적으로 더 좋은 결과를 가져온다. 지금 당장 시작할 수 있고, 어디서든 시작할 수 있다. 그런 과정에서 외국어와 해외 경험의 기회가 온다면 그때는 시너지 효과가 생길 것이다.

나는 리더다, 모두 리더다

스티븐 코비 박사님만큼 나의 세계관에 지대한 영향을 끼친 분이 있다 바로 리더십 권위자 존 맥스웰(John C. Maxwell)이다. 그는 "리더십은 영향력이다(Leadership is influence)"라고 정의한다. 이 말은 모든 사람은 좋은 쪽이든 나쁜 쪽이든 영향력을 가지고 있기에 모든 사람은 리더라는 뜻이다. 즉 자신이 의도하든 의도하지 않든, 인정하든 인정하지 않든 우리는 리더처럼 영향을 끼치며 산다.

"When a leader gets better everybody wins."

이 말은, '한 사람의 리더가 성장하면 모든 사람에게 유익이 간다'는 의미로 해석된다. 혹시 leader(리더)라는 단어 때문에 거부감이 느껴지는 사람이 있다면, '리더'를 '나'라는 단어로 바꿔보자. 그러면 '내가 성장하면 모든 사람에게 유익이 간다'는 뜻의 문장이 만들어진다. 이 말은, '내가 성장하지 않으면 나에게 좋은 영향과 유익을 받을 사람들이 받지 못한다'는 의미로 바꿔 해석할 수 있다.

완전히 고립되어 혼자만 사는 경우를 제외하고 다른 사람과 교류하는 사람이라면 각자의 역할을 하며 원하든 원치 않든, 인지하든 못하든 리더가 되어 다음과 같은 세 가지 영향력을 행사한다. 리더십(Leadership), 팔로워십(Followership). 셀프리더십(Self-leadership)이다.

리더십은 이끄는 힘이다. "나는 리더다"라고 외친다고 리더가 되는 것은 아니다. 따르는 사람이 있어야 진정한 리더가 된다. 결혼하고 아이가 생기니 처음으로 아빠라는 역할이 생겼다. 남편, 아빠로서 가정을 지키고 이끌어야 하는 책임도 생겼다. 역할과 책임을 다하기 위해 리더십을 발휘해야 할 상황에 처한 것이다. 나의 경우처럼, 이렇게 자신이 처한 환경을 인지하는 것이 우선되어야 한다. 어떻게 이끌지를 고민하는 것은 그다음이다. 환경을 인지한 리더는 어떤 방향으로 이끌지에 관한 비전과 목표 그리고 방법을 갖추어야 한다. 예를 들어 강압적이거나 공포감을 조성해 사람을 조정할 수도 있고, 사람들이 자율적으로 할 수 있도록 기다려주는 방법도 있다. 이와 같은 이끄는 방법이 리더십의 'How to'에 관련된 내용이다. 우리는 직업적이든 일상생활 속에서든 리더가 되어야 하는 상황에 계속 처한다. 그 순간순간 리더답게 생각하고 선택하고 행동하는 것이 리더십을 키우는 좋은 방법이다.

어떤 리더도 항상 톱 리더의 자리에만 머물러 있을 수는 없다. 중세시대의 왕이나 오늘날의 대통령이나 마찬가지다. 그들이 늘 톱 리더의 위치에 있는 듯하지만, 자신의 국가보다 더 강대국을 만날 수도 있다. 더구나 요즘 대통령들은 임기를 마치면 톱 리더의 삶과는 한참 멀어진다. 팔로워십을 갖춘 삶을 살아야 한다.

팔로워십은 누군가를 따르는 능력이다. 자신에게 주어진 일을 잘하는 것도 훌륭하지만 조금 더 적극적으로 리더의 입장에서 바라보고 생각하며 문제해결을 위해 움직이고 돕는 비서 혹 조력자의 모습이 진정한 팔로워십이다. 이는 특정한 상황에서만 적용되기도 한다. 대통령도 관광을 가면 가이드를 따라야 하는 것과 마찬가지다. 가이드를 따르지 않고 리더가 되려고 하면 관광을 망치기 쉽다. 기업의 사장도 비행기에 탑승하면 승무원과 기장의 말을 따라야 한다. 모든 훌륭한 리더는 훌륭한 팔로워이다. 그들은 훌륭한 팔로워이기 때문에 훌륭한 리더가 되었다고 해도 과언이 아닐 것이다.

언젠가 한국의 한 정치인이 소방서에 전화해 "나 ○○○야! 지금 통화하는 사람 이름이 뭔가?"라며 호통을 쳐서 쟁점이 된 적이 있다. 훌륭한 리더는 때와 장소를 가릴 줄 알아야 한다. 자신이 리더 역할을 해야 하는지 팔로워십을 발휘해야 하는지 정확히 알아야 한다. 나는 모든 사람이 리더이기 이전에 훌륭한 팔로워가 되는 것이 필요하다고 생각한다. 팔로워십은 우리의 일상에서 얼마든지 훈련할 수 있다.

마지막은 자신을 이끄는 능력, 즉 셀프리더십이다. 자신을 이끌 줄 알아야 남도 이끌 수 있고, 자신을 이끌지 못하는 사람은 남도 이끌 수 없다. 따라서 자신의 성장을 위해 생각하고 선택하고 행동하는 모든 것이 중요하다. 산소마스크 이론이 있다. 누군가에게 산소마스크를 씌워주기 전에 자신부터 써야 한다는 것이 산소마스크 이론이다. 나도 비행기를 타면 매번 듣는 말이어서 주의조차 기울이지 않았지만, 어느 순간 그 의미가 마음에 와닿았다. 남을 돕겠다는 생각을 하는 사람들 가운데 자신을 돌보지 않고 남만 돌보다 몸과 마음도 지쳐 완전히 탈진 상태가 되는 경우가 있다. 일시적인 현상이 아니라 오랜 시간 지속한 삶의 패턴의 결과이다.

이 탈진의 배경에는 부족한 자기관리가 있다. 한국 오디션 프로에서 박진영 씨가 목이 아파 실력 발휘를 못한 참가자에게 자기관리도 실력이라고 이야기를 했었다. 나 또한 나의 한계를 인정하지 않고 누군가를 돕겠다고 열심히 달렸다가 자기관리에 실패한 경험이 있다. 몸과 마음에 문제가 생겼고, 결국 내 소중한 가족의 짐이 되었다. 탈진 상태가 되니 사랑하는 아내와 딸과의 시간도 부담스러웠고 짜증으로 뒤덮였다. 정작 도와야 할 가족을 도울 여력이 없어졌다. 물론 나보다 더 성숙한 분들도 계시겠지만, 어떤 사람에게도 임계점이란 것은 있다. 심지어 낙타도 너무 많은 짐을 짊어지고 가면 추가로 얹어지는 얇은 빨대 때문에 허리가 부러질 수 있다. 셀프리더십은 자신이 주도적으로 선택하고, 그 선택에 관한 결과를 책임지며 성장하는 것이다. 이것은 매일매일의 삶 속에서 연습하고 훈련할 수 있다.

으라차차 관·선·도

당시, 아내가 일했던 GVCS-글로벌선진학교를 방문하고 아주 깊은 인상을 받았다. 일단 이 학교는 충청북도 음성과 경상북도 문경의 폐교된 공립학교건물을 인수해 설립한 기숙사형 중고등 기독교 대안학교이다. 현재는 미국 펜실베니아 캠퍼스도 있다. 100억의 지구촌 인재를 섬길 수 있는 산업 전 분야의 리더 양성 목적으로 설립된 이 학교는 기독교 가치를 기반으로 한다. 수업이 영어로 진행되는 것, 고등학교 학생들이 유럽, 미국과 같은 외국대학교로 바로 진학할 수 있다는 것도 놀라웠지만, 가장 인상적이었던 것은 8백 명이 넘는 학생들이 큰 운동장에서 함께 태권도 시범을 보이는 것이었다. 그중에서도 태권도를 전공하려는 학생들은 실력이 정말 뛰어났다. 모든 학생이 최소 검은 띠 1단으로 졸업한다는 것도 감탄스러웠다. 태권도는 몸뿐만 아니라 정신력도 함께 훈련된다. 더 나아가 모국에 대한 자긍심도 생기는 것 같아 참 좋다고 생각한다.

초중고 학생들에게 리더에 대해 기억에 남고 쉽게 설명해 줄 방법을 찾다가 생각해낸 것이 있다. 바로 관·선·도이다. 관·선·도는 태권도를 연마하듯 훈련을 통해 배울 수 있고, 태권도처럼 나를 지켜주고 남을 지켜준다. 더 나아가 선한 영향력을 끼치도록 도와준다.

관·선·도란 '관점-선택-태도'를 줄인 약어이다. 분명히 리더는 똑같은 상황에서 다른 관점을 가지고 있고, 그렇기에 남다른 태도를 보인다. 관점과 태도를 선택할 뿐 아니라 그에 따른 행동도 선택하고, 그 선택에 따른 결과도 수용한다. 그래서 리더들이 공통으로 연마한 무예인 그것을 관·선·도라고 지칭했다.

관점은 조금 넓은 의미에서 신념, 사고방식, 세계관, 렌즈, 패러다임 등의 단어와 어울린다. 관점에 따라서 바라보는 모든 것이 달라진다. 빨간 안경을 끼면 모든 것이 빨갛게 보이는 것과 같다. 관점이 바뀌게 되면 거의 동시적으로 변하는 것이 바로 태도다. 관점이 바뀌지 않은 상태에서 태도를 바꾸려고 한다면 그것은 정말 어렵다. 공부하는 학생들의 경우만 봐도 그러하다. 공부 자체를 바라보는 관점, 혹은 공부를 통해 누릴 수 있는 것이 무엇인지를 바라보는 관점이 바뀌지 않으면 공부 태도도 바뀌기 어렵다. 관점이 학생들의 태도를 결정한다. 공부하면서 성적의 결과에 따라 조급해하거나 반대로 여유로운 태도를 보이는 것 모두 관점과 직접 연관이 있다.

관·선·도의 중심에 있는 선택을 간략하게 살펴보자. 《성공하는 사람들의 7가지 습관》의 저자 스티븐 코비 박사는 성공하는 사람들의 공통점을 설명할 때 Responsibility(책임감)이란 단어를 사용한 적이 있다. 'Response(반응)+Ability(능력)' 즉 반응을 선택할 수 있는 능력과 책임감을 같은 맥락에서 풀어낸 것이며, 성공하는 사람들의 습관의 뿌리에는 선택이라는 핵심요소가 있다는 것이다.

우리에게는 관점을 선택할 능력도 있다. '나'와 다른 관점이라도 그 관점으로 보고자 마음을 열고 선택하면 다른 시각에서 볼 수 있고, 그에 따른 태도도 얻게 된다. 진짜 변화를 원한다면 "리더다운" 관점과 태도를 선택할 수 있다.

나아가 관점과 태도가 행동으로 이어지지 않으면 의미가 없다. 그럴 때 그 행동 역시 선택이 기반이 된다. 조금 더 본질적인 측면에서는 어떤 행동을 선택할 때 그에 따른 결과도 용납하겠다는 태도를 선택하는 것이 필요하다.

결론은 관점, 태도, 선택, 이것이 우리가 해외 경험이나 완벽한 외국어를 구사하는 것보다 더 본질적이고 우선이라는 것이다. 이 세 가지에 대한 개념조차 없다면 그리고 명확한 의도가 없다면, 우리가 갖춘 외국어 능력, 해외 경험, 수많은 자격증이 크게 유용하지 않을 것이다.

토끼와 거북이의
새로운 경주

━━━
━━━
━━━

토끼와 거북이가 달리기 경주를 벌였다. 달리기 빠른 토끼는 잘난 척을 하며 쏜살같이 달려갔고, 중간에 낮잠을 자기로 선택했다. 자신이 잠깐 낮잠을 자도 충분히 거북이를 이길 수 있을 거라는 확신이 있었기 때문이다. 그런데 실수로 깊은 잠에 빠지게 되고, 포기하지 않고 꾸준히 자신의 책임을 다한 거북이는 결승선에 토끼보다 먼저 들어오게 된다. 자다 깬 토끼는 헐레벌떡 뛰어오지만 이미 늦었다. 거북이의 승리! 콧대가 높았던 토끼는 망신을 당하고, 모든 동물과 독자들은 꾸준히 인내하며 최선을 다하면 반드시 성과를 낼 수 있다는 교훈을 얻었다. 누구나 다 아는 〈이솝우화〉 속 토끼와 거북이의 이야기다. 나는 이 우화가 진실인 줄만 알았다. 하지만 실제 이야기는 조금 달랐다는 것을 아는가? 나의 독자들께 그것을 알려드리도록 하겠다.

토끼와 거북이는 정말 가까운 절친이었다. 어려서부터 한 마을에서 자랐고, 생김새는 달랐지만 마음도 잘 맞는 죽마고우였다. 그런데 조금씩 나이가 들면서 사춘기가 되어갈 즈음 거북이는 이렇게 생각하며 점점 자신감을 잃어갔다.

'나는 너무 느려. 나는 잘하는 게 아무것도 없어. 다른 동물들은 이렇게 빠른데, 나는 쓸모없는 거북이일 뿐이야. 토끼만 봐도 정말 달리기를 잘하는데……'

친구 거북이를 너무나 아끼고 사랑한 토끼는 말하지 않아도 거북이의 마음을 이해할 수 있었다. 그래서 자신감과 기운을 잃어가는 친구 거북이를 격려하기 위해 부단히 애를 썼다. 데일 카네기에게 배운 웬만한 동물 관계 기술은 다 동원해서 친구를 칭찬하고 격려했다. 심지어는 거북이의 멋진 가능성을 그려주며 꿈을 꾸게 해주려는 긍정심리학까지 동원했다.

"거북아, 달리기 속도가 동물의 가치를 판단하는 기준이 아니야. 행복은 달리기 순이 아니라고. 그리고 너 자신을 봐. 너는 그냥 거북이가 아니라 닌자 거북이가 될 수 있는 어마어마한 잠재력이 있다고!"

하지만 토끼가 그런 식으로 다가갈수록 거북이는 더 불편해했다. 아마도 사춘기라 그런 모양이었다. 여러분도 사춘기 때 누군가가 다가오면 괜히 불편해서 밀쳐냈던 기억이 있지 않은가? 거북이도 그랬다. 토끼는 그것이 속상했지만, 이미 감정 상담을 공부했기에 그런 거북이의 감정을 인정해주되 도울 방법을 생각했다. 그러던 어느 날 윤스키 쌤의 강연에 참여하고 지혜를 얻었다. 정말 유레카의 순간이었다. 그리고 쉽지 않은 결정을 내렸다. 난생처음 안 해본 그런 일을 하기로 결단했다.

실행력도 달리기만큼이나 빠른 토끼는 바로 다음 날 거북이에게 찾아갔다. 마침 동네 많은 동물들이 집 근처로 놀러 와 있었다. 토끼는 조용히 혼자 기어 다니는 친구 거북이에게 약을 올리기 시작했다. 거북이는 물론 주변에 있던 동물들도 불편해했다. 하지만 토끼는 그 어느 때보다 촐싹대며 거북이의 마음을 거북하게 만들었다. 그렇게 끝날 것 같지 않은 토끼의 행동에 거북이의 억압된 감정도 결국 폭발했다. 그리고 거북이는 빼도 박도 못할 어마어마한 실수를 저질렀다.

"야, 토끼 너! 한판 붙어! 진짜 가만 안 둔다."

홧김에 내뱉은 말에 거북이는 너무너무 놀랐다. 그러나 이미 엎질러진 물이었다. 다른 동물들이 거북이의 속도 모른 채 거북이를 응원하고 있었다. 돌이킬 수 없는 상황이 된 것이다. 자존감이 낮아질 대로 낮아진 거북이는 정말 쥐구멍에라도 들어가고 싶었다. 토끼와 경주해서 이긴다는 것 자체가 말이 안 됐다. 그렇다고 수많은 동물 앞에서 했던 말을 취소하면 더 큰 놀림거리가 될 게 뻔했다. 거북이는 너무 괴로웠다. 어떤 선택을 해도 최악의 상황이었다. 거북이가 할 수 있는 일은 딱 한 가지였다. 경주를 하루 미루는 것. 거북이는 일단 그 자리를 벗어나고 싶었다.

그날 밤 거북이는 정말 한숨도 잘 수 없었다. 자신의 어리석음에 분노했다. 우울했다. 거북이는 정말 다시는 기억하고 싶지 않은 괴로운 밤을 보내고 경주에 나왔다. 그런데 그날따라 토끼는 유난히 컨디션이 좋아 보였다.

"오늘은 뻥 안 치고 한 발로 뛰어도 이긴다."

동물들 앞에서 큰소리치는 토끼는 정말 꼴불견이었다. 하지만 왠지 토끼의 그런 태도에 긴장감은 사라지고, 죽기 살기로 붙어보자는 승부욕이 불타올랐다.

'진짜 죽기 살기로 붙어보자.'

거북이는 이를 악문 채 촐랑대는 토끼와 나란히 출발선에 섰다.

땅! 소리와 함께 토끼는 정말 총알같이 튀어나갔다. 거북이 눈에는 토끼가 보이지도 않았다. 순간 울컥했다. 눈앞에 보여야 따라잡기라도 하지 시작부터 눈에 안 보일 만큼 차이가 벌어지니 눈앞이 캄캄했다. 다시 감정이 요동치기 시작했다. 자신의 감정이 이렇게 갈팡질팡하는 것이 너무 속상했다. 하지만 포기할 수도 없는 노릇이었다. 포기하고 뒤로 돌아간다는 건 스스로를 더 비참하게 만들 뿐이었다. 거북이는 이를 더욱 악물고 기었다.

친구 거북이의 마음을 쑥대밭으로 만들어버린 토끼는 거북이와 까마득히 멀어진 다음 자신이 미리 보아 두었던 나무 밑으로 갔다. 그리고 거북이의 눈에 확실하게 보일 그런 장소에 누웠다. 토끼의 마음이 힘들었다. 자신이 던진 말에 밤새 힘들어하며 마음고생했을 친구 거북이의 마음을 누구보다 잘 알았기 때문이다. 오늘 아침 자신의 행동을 통해 거북이가 화난 감정으로라도 다른 불안한 긴장감을 이겼으면 했지만, 잘난 척하고 앞으로 튀어나간 자신을 보면서 또 낙심했을 친구 거북이의 마음도 불 보듯 뻔했기 때문이다. 하지만 토끼는 이것이 진짜 거북이를 위하는 길이라 생각했다. 토끼는 속으로 간절히 기도 했다.

'거북아, 거북아, 내 사랑하는 친구 거북아. 제발, 제발 포기하지 말고 끝까지, 끝까지만 기어다오…….'

얼마나 그렇게 누워 있었을까. 감사하게도 거북이가 기어오는 모습이 보였다. 토끼는 깊이 잠든 척했다. 거북이가 잠든 자신을 보고 희망을 얻도록. 거북이는 정말 희망을 얻었다. 처음이자 마지막으로 토끼를 이길 기회가 왔다는 생각을 하며 더 힘을 내서 엉금엉금 기었다.

마침내 거북이의 눈에 결승선이 보였다. 거북이는 멀리 있는 토끼를 한번 쳐다본 뒤 마지막 남은 힘을 다해 기었다. 그러고는 상상도 못 했던 그 일을 현실로 만들었다. 토끼와의 경주에서 승리한 것이다.

경주를 마친 후 거북이의 상황은 이랬다. 모든 동물의 영웅이 된 것이다. 다들 토끼의 행동이 좀 지나쳤다고 생각하며 반감을 갖기도 했고, 거북이를 안쓰러워하기도 했다. 하지만 거북이가 토끼를 이길 것이라고는 상상도 못 했다. 여하튼 모든 동물이 거북이를 칭찬하기 시작했다. 그런 모욕을 당했어도 참는 인내, 누구라도 포기했을 법한 상황에서 포기하지 않은 끈기를 높이 샀다. 먼 거리를 쉬지 않고 기어 완주한 거북이를 축하했다. 동물들 사이에서는 이제 거북이처럼 살자는 강령까지 생겼다. 거북이는 행복했다. 난생처음 느껴보는 색다른 행복이었다. 달리기가 아니라 인내와 끈기의 상징으로 인정받았기 때문이다.

토끼가 처한 상황은 어땠을까? 거북이가 결승선에 도착했을 때 번쩍 잠에서 깨어 헐레벌떡 뛰어들어온 토끼는 모든 동물의 웃음거리가 되었다.

"꼴좋다. 그렇게 잘난 척을 하더니. 쯧쯧."

하지만 토끼의 귀에는 아무 소리도 들리지 않다. 토끼의 관심은 오로지 하나였다. 자기가 그렇게 사랑하는 친구 거북이가 무너졌던 자신감과 자존감을 회복했다는 것이었다. 닌자 거북이의 후예다운 진정한 거북이로서 당당하게 섰다는 것이었다. 토기는 친구의 모습에 감정이 복받쳐 눈물이 났다. 모든 동물은 그 잘난 토끼가 억울하고 창피해서 우는 줄 알았다. 그래서 더 놀려댔다. 울어도 소용없다면서. 토끼는 괜찮았다. 사랑하는 친구 거북이가 이제 새롭게 삶을 시작할 수 있다는 사실만으로 충분했다.

아무도 토끼의 깊은 사랑을 몰랐다. 거북이조차도 몰랐다. 더 놀라운 것은 토끼의 사랑을 여전히 아무도 모른다는 것이다. 오로지 나와 독자 여러분들만 알고 있다.

여러분이 토끼의 사랑을 알았다면 둘 중 어느 동물을 응원하겠는가? 나라면 묵묵히 토끼를 응원했을 것이다. 모든 동물의 웃음거리가 된 토끼를 꼭 안아주면서 "고맙다. 나는 네가 자랑스럽다. 너는 오늘 그 무엇보다 가치 있는 일을 했다. 네가 우리 거북이를 살렸다"고 말해줄 것이다.

둘 중 하나의 캐릭터를 선택해야 한다면 어떻게 하겠는가? 나라면 차라리 토끼가 되고 싶다. 달리기가 빨라서 누군가에게 줄 것 있는 사람이 되고 싶다. 누군가를 살릴 수 있는 사람이 되고 싶다. 한번 사는 인생 내가 조금 희생해서 누군가가 희망을 얻는다면 그렇게 하고 싶다. 그런 성숙하고 넓은 마음을 가진 사람이 되고 싶다.

새로운 토끼와 거북이 이야기는 관점의 전환이 만들어낸 창작물이다. 우리 눈에 보이는 사실이 진실이 아닐 수 있다. '내' 눈에는 너무나 분명한 빨간색이 다른 사람의 관점에서는 파란색으로 보일 수 있다. 다른 관점은 얼마든지 존재한다. 그러므로 리더에게는 리더의 관점이 있다. 리더들은 똑같은 상황에서 리더다운 관점으로 본다.

스티븐 코비 박사는 이렇게 말했다.

"작은 변화를 원한다면 행동(습관)을 바꿔라.
총체적인 변화를 원한다면 패러다임(관점)을 바꿔라."

관점의 변화가 리더를 만든다.

관점이 바뀌면
일어나는 일

충청북도 증평에 거주하던 나는 서울에서 교육과 코칭 및 중요한 미팅이 있어 아침 7시에 서울로 향했다. 집에 돌아온 시간은 밤 9시 30분. 딸아이와 조금이라도 시간을 보내기 위해 30분 정도 놀아주었다. 그러다가 주산학원 다녀온 것은 어떤지 물어보았다. 바로 전날 주산 뺄셈이 어려워 수업 시간에 온통 빨간펜으로 수정을 당한 아이는 숙제를 하면서도 짜증을 내며 울려고 했다. 그래서 아예 마음을 정하고 아이를 도와줬다. 아이가 기쁜 얼굴로 주산 책을 가지고 왔다. 오늘 배운 곳을 보여주면서 주산을 하겠다고 했다. 이틀치 과제를 보여주면서 당장 숙제를 하겠다고 말했다.

아이는 재미있게 문제를 풀어나갔다. 양이 좀 많다 싶었는데, 아니나 다를까 중간에 이래저래 장난을 치고 다른 것을 하더니 그만두려 했다. 공부에 대해 자녀에게 강요할 자격이 안 되는 아빠이기에 그냥 넘어갈 수 있었다. 하지만 이 상황이 아이에게 중요한 가르침이 되리라 생각했다. 자신이 한 말에 책임을 지는 것이 산수 문제 몇 개 더 푸는 것과는 비교할 수 없이 중요한 것이기에 그냥 넘어가지 않기로 했다.

"시우야, 혹시 친구 중에 약속 안 지키는 친구들 있어? 자기가 한 말에 책임 안 지키는 친구들."

"네, 있어요."

"누가 약속을 어길 때 시우는 기분이 어떠니?"

"화나요."

"우리 시우는 친구들과의 약속을 잘 지키는 어린이야?"

"네."

"그럼, 시우야, 아빠가 진짜 중요한 이야기 하나 해줄까? 시우가 처음 들어보는 걸 수도 있어."

"뭔데요?"

"우리 시우 안에 또 다른 시우가 있어. 그 시우는 시우가 약속하고 지키는 것을 좋아해."

"네?"

"잘 보렴. 시우가 아까 주산 문제를 풀겠다고 했잖니? 그걸 우리 시우 안에 있는 시우가 듣고 있었어. 그런데 지금 시우는 이걸 풀다가 다른 놀이 하고, 이제는 피곤해서 졸리지?"

"네."

"그런데 시우 안에 있는 시우는 시우가 한 말을 약속으로 생각하고 있어. 그래서 아마 약속을 안 지키면 시우가 친구들한테 화나듯 시우한테 화가 날 거야. 지금 졸린 건 알겠는데, 아빠는 시우 안에 있는 시우가 화나게 두고 싶지는 않네."

진지하게 아빠의 이야기를 듣고 있던 딸이 물었다.

"그런데 아빠, 이렇게 말한 거를 어떻게 항상 다 해요?"

"맞아, 시우야. 어려울 때도 있어. 못 지킬 수도 있지. 그래서 우리가 말을 할 때는 잘 생각해보고 신중하게 해야 하는 거야. 약속을 쉽게 하는 게 아니라 내가 정말 지킬 수 있는 약속을 하는 거지. 친구들과도 그렇고, 시우 안에 있는 시우에게도 그렇고."

시우의 표정이 한결 부드러워졌다.

"시우는 약속을 잘 지키는 시우이고 싶니?"

"네."

"그럼 아빠가 도와줄게. 우리 오늘 시우가 시우한테 약속 지키고 잘까?"

그렇게 해서 딸은 나와 함께 주산 문제를 다 풀고 잠자리에 들었다.

아이에게 늦은 시간인 것을 알았고, 내일 아침에 일어날 때 피곤할 것도 알았지만 지킬 가치가 있다고 생각했다. 중요한 것은 이런 나의 생각을 딸에게 밀어붙이지 않았다는 것이다. "이거 한다고 했으니깐 다 하고 자"라고 했다면, 딸은 더 짜증을 내며 힘들어했을 것이다. 자기 마음도 몰라주는 아빠를 강압적이라고 느꼈을 것이다. 나의 접근법은 '질문'이었다. 아빠의 질문을 통해서 딸은 이 상황을 다른 관점으로 보게 되었다. 책임의 주체를 아빠가 아닌 자신으로 여기게 되었고, 아빠는 옆에서 도와주는 조력자로 보게 되었다.

누군가에게 영향을 주고 싶다면 행동을 바꾸려고 애쓰기보다 그 사람이 관점을 바꾸도록 도와주는 것이 가장 효과적이다. 관점이 바뀌게 된다면 태도와 행동은 따라서 변하게 된다. 이런 변화를 이끄는 것이 리더의 능력이다.

태도가 달라지면
달라지는 것

스티븐 코비 박사는 패러다임을 설명할 때 "관점이 바뀌면 태도가 바뀌고 행동이 바뀐다"라고 했다. 일종의 도미노 효과로, 관점과 태도와 행동은 떼려야 뗄 수 없는 관계다. 관점의 전환 없이 태도와 행동만 바꾸기는 어렵다. 일시적으로 바꾼다 해도 절대 일관성을 유지할 수 없다. 가령 서비스업에 종사하는 사람이라면 손님 앞에서는 잠깐 친절한 태도로 행동할 수 있다. 하지만 고객에게 감사하는 마음이나 자신이 하는 업무 자체를 가치 있게 보는 관점이 없다면 오래갈 수 없을 것이다.

리더십 권위자인 존 맥스웰은 이기는 태도에 관해 이야기한다. 스티븐 코비는 긍정적인 태도에 관해서 이야기한다. 손정의 회장과 알리바바의 마윈이 가장 존경한다는 이나모리 가즈오 역시 인생을 바라보는 안목에서 태도의 중요성에 관해서 언급한다. 동기부여가인

지그 지글러(Zig Ziglar)는 "능력보다 태도가 고도를 결정한다고 말한다."(Your attitude, not your aptitude, will determine your altitude.) 태도는 일반적으로 그 사람의 마음을 가장 잘 반영한다는 생각이 든다. 심지어 "태도가 당신이다"라고 말하는 사람도 있다. 같은 맥락에서 좋은 태도를 보인 사람은 눈에 띄게 마련이다. 이렇게 중요한 태도는 관점이 변화시킨다.

세계적인 치킨버거 프렌차이즈 칙필레(Chick-fil-A)의 회장 트루엣 캐시(S. Truett Cathy)와 관련된 좋은 사례가 있다. 그가 《목적이 이끄는 삶》의 저자 릭 워렌과 경쟁사인 햄버거집에서 식사를 마친 뒤 화장실을 사용하고 나오면서 세면대를 깨끗이 닦고 나온 일이다. 이 유명한 일화는 목사이기도 한 릭 워렌이 설교 예화로 사용하면서 널리 알려졌다.

"이곳은 칙필레노 아니고 당신 경쟁사인데 왜 그렇게 하나요?"

릭 워렌의 질문에 트루엣 캐시는 이렇게 대답했다고 한다.

"나는 내가 머문 곳은 그 전보다 더 깨끗하게 하고 떠난다오."

나는 트루엣 캐시의 일화가 자신을 바라보는 관점에 의해 태도와 행동이 결정된다는 사례라고 본다. 트루엣 캐시에게는 경쟁사든 자기 회사든 별 의미가 없다. 자신이 머문 자리를 어떻게 남기느냐가 더 중요하다. 릭 워렌 목사에게 잘 보이기 위한 마음도 없었을 것이다. 만약 그랬다면 잠깐 릭 워렌 목사를 속일 수는 있었겠지만 그 이후에도 일관성 있게 행동하지는 못했을 것이다.

1998년 막 대학에 들어갔을 때 아버지와 뉴욕을 여행한 적이 있다. 과테말라에서 무역회사를 운영하시던 아버지는 미국에 잠재고객의 회사를 방문했다. 원했던 미팅은 성사되지 않고 비서실 앞에서 기다리다 결국 표본만 맡기고 나와야 했다. 그런데 아버지와 나는 엘리베이터에서 서로를 바라보며 웃고 있었다. 우리는 비록 원하는 것을 얻지 못했지만, 그곳에서 우리를 대해준 직원의 태도에서 존중받는다고 느꼈고, 우리 처지를 이해해 준다고 느꼈다. 충분히 마음이 상할 수 있는 상황에서도 기분이 좋다는 사실이 놀라웠다. 아버지께서 이런 말씀을 하셨다.

"만일 그 사람이 우리에게 기분 나쁘게 대했다면 어땠겠니? 우리는 아마 그 부정적인 감정을 서로에게 혹은 오늘 만나는 사람들에게 전했을 거야. 하지만 우리는 지금 어떠니? 기분 좋지?"

"맞아요. 나도 이왕이면 나를 만난 사람들이 이렇게 기분이 좋았으면 좋겠네요."

어느 음식점에서 있었던 일이다. 분위기도 좋고, 음식도 맛있고, 모든 사람들이 편안히 식사를 즐기는 듯했다. 그런데 갑자기 험상궂게 생긴 사람 하나가 들어왔고 웨이트리스들은 겁을 먹은 듯했다.

그 사람은 무엇이 맘에 들지 않아 행패를 부리기 시작했다. 옆에 앉아 있던 사람들은 불편을 느꼈지만, 그의 행동을 무심히 지나쳤다. 그런데 그 남자가 갑자기 테이블을 뒤집어엎고 의자까지 심하게 밀쳐내는 위험한 상황이 발생했다. 종업원들은 겁이 나 아무것도 하지 못했고, 구석에 앉아 있던 사람들은 믿을 수 없다는 듯 카메라로 그를 찍기 시작했다. 이때 체구가 작은 한 사람이 와서 그를 말렸다. 위험해 보였지만 그는 112에 전화를 하고 남자를 레스토랑 밖으로 내보냈다. 웨이터들에게 깨진 유리를 치우게 하고, 책상을 바로 세우고, 손님들에게 양해를 구했다. 그는 바로 사장이었다. 사장이기 때문에 그런 태도와 행동을 보인 것이다. 사장은 이 상황을 보는 관점 자체가 달랐기 때문에 그런 태도와 행동을 보인 것이다.

태도는 우리가 무언가를 보는 관점에서 시작한다. 타인은 그 사람의 태도에 따라 어떤 사람인지를 마음속으로 정의한다. 태도는 본인이 선택할 수 있다. 예를 들어 불편한 상황 속에서 긍정적인 태도를 가지기 원하는 사람은 그 상황 속에서 긍정적인 것을 찾고 그것에 집중하기로 선택을 함으로 긍정적인 태도를 선택할 수 있는 것이다. 본인이 원하는 태도를 선택할 수 있다. 좋은 태도로 하루하루를 살면 그 사람의 삶은 달라질 수밖에 없다. 그를 바라보는 사람들의 시선도 달라질 것이고, 그 사람을 대하는 사람들의 태도도 달라질 것이기 때문이다.

리더는 리더다운 태도를 보여야 한다. 외국어를 배우고 해외 경험을 한다고 해서 태도가 바뀌는 것이 아니다. 태도를 선택할 수 있는 사람은 외국어를 배우든 해외 경험을 하든, 또 다른 무엇을 하든 그 과정에서 의미 있는 것을 배우고 찾아낸다. 의미를 찾는 태도가 리더의 태도이다.

리더다운 선택

2019년 3월, 미국, 아리조나주 피닉스에서 2,000명 정도의 사람이 모이는 행사에 다녀온 적이 있다. 《백만장자 메신저》의 저자 브랜든 버처드가 진행하는 행사로, 전 세계 50여 개국에서 온 사람들이 모인 자기계발 세미나였는데 분위기가 싸이 콘서트장 같아 잊을 수가 없다. 그 후 5월에도 브랜든 버처드가 진행하는 하이퍼포먼스 코치 인증교육을 받으러 미국 샌디에이고에 갔다. 5일간의 행사였는데, 교육비만 자그마치 1만 달러, 즉 1,200만 원에 달했고, 비행기 표와 호텔 식사비용을 포함하면 거의 1,500만 원에 가까운 금액이 필요했다. 천만 원 넘는 교육에 온 사람들은 활력이 넘쳤다. 무언가 달랐다. 더 놀라운 사실은 내가 그런 사람들과 함께 있다는 사실이었다. 1분의 시간도 낭비할 수 없었다. 그곳에서 만나는 사람들과의 시간을 의미 있게 보내기 위해 집중했다. 천만 원이라는 돈을 5일로 나누니 1분의 시간이라도 허투루 보낼 수 없었다.

그곳에 온 사람들은 두 부류였다. 하나는 가치 있는 교육이라면 천만 원이라도 들여서 올 수 있는 여유가 있는, 즉 금전적인 성공을 이룬 사람들이었다. 또 하나는 천만 원이라도 들여서 교육을 들어야 하는, 아주 절실한 사람들이었다. 두 부류의 사람들에게서 공통점을 하나 발견하게 되었다. 누가 시켜서 온 것이 아니라는 점이다. 저마다 명확한 의도를 가지고 왔기에 정말 교육에 최선을 다했다. 진입장벽이 높다 보니 그런 사람들만 모인 것일 수도 있겠지만, 천만 원을 심심해서 쓰는 사람들이 아니었다. 소위 말하는 하이퍼포머들이었다. 자신의 삶에서 높은 성과를 달성한 사람들 말이다. 하이퍼포머들은 직업에서뿐만 아니라 자신의 건강, 사람들과의 유대감 등에서도 높은 성과를 이룬 사람들이다. 뚜렷한 목적의식으로 의미 있는 삶을 살고, 균형 있게 살려고 노력하는 사람들이다. 그곳에 모인 사람들이 내 눈에는 하이퍼포머로 보였다.

하이퍼포머와 같은 사람들은 매일 아침 이 하루를 어떻게 살지 선택을 한다. 본인이 사는 이 하루를 평범과 비범 사이에서 선택한다. 물론 그들은 비범을 선택한다. 그것이 다른 사람들과의 엄청난 차이를 만든다. 하루가 쌓여 일주일, 한 달이 된다. 그 시간이 쌓여 1년, 3년, 5년, 10년이 되면 그 격차는 따라올 수 없게 커진다. 그 격차는 하루에서 시작한다.

선택의 상황은 하루를 시작하는 순간에서만 찾아오지 않는다. 누군가를 만날 때, 어떤 행사에 참여할 때, 공부할 때 등 일상에서 매 순간 선택의 상황과 마주한다. 그때 어떤 선택을 할 것인가? 평범하게 그 시간을 보낼 것인가? 아니면 비범하게 보낼 것인가?

이것은 헬라어로 시간을 뜻하는 말 중 "크로노스(χρόνος)"와 "카이로스(καιρός)"를 생각하면 쉽게 이해할 수 있다. 그냥 자연스럽게 흘러가는 물리적 시간을 크로노스라고 하고 특별한 의미가 부여된 시간을 카이로스라고 한다. 카이로스의 시간이 만들어지는 것은 크게 두 가지 방법이 있다. 첫째, 외부적 영향으로 만들어진다. 백마 탄 왕자가 위기에 처한 공주를 구해주는 그런 순간처럼 말이다. 또 다른 하나는 내가 내부적으로 만들어 내는 것이다. 스스로 의미를 부여해 뜻 깊은 시간으로 만드는 것이다. 내가 주도적으로 선택해서 카이로스의 시간을 만들 수 있다는 말이다.

책을 읽어도 그냥 편하게 누워 30분 동안 읽는 것과 30분 후에 사람들 앞에서 발표를 앞둔 사람이 책을 대하는 것은 내용을 받아들이고 소화하는 과정에서 질적으로 달라질 수 있는 것도 비슷한 예이다.

나는 관·선·도의 3번째 핵심 개념을 선택이라고 했다. 우리는 관점과 태도조차도 선택한다. 즉 선택은 변화된 관점대로 살아가는 데 빠질 수 없는 중요한 요소다. 우리 삶에 찾아오는 다양한 자극에 반응하는 것도 우리의 선택이고, 심지어 우리의 기분도 우리의 선택이다. 행복도 용기도 감사도 우리의 선택이다.

리더들은 선택한다. 그리고 선택의 결과를 인정한다. 결과만큼은 사람의 힘으로 선택할 수 없는 것이기에 그 결과 앞에서는 겸손하다. 책임지려고 한다. 그것이 리더의 태도이며, 그런 태도조차도 선택이다. 우리도 리더다운 선택을 해야 한다. 할 수 있다.

영어보다 중요한 언어

2007년 알프스산맥이 보이는 프랑스 샹베리(Chambéry) 지역에서 지낸 적이 있다. 대학원 진학을 위한 기본 언어능력 시험인 TCF/DALF를 준비하기 위해 학원에 등록해서 공부할 때였다. 언어를 사용하는 빈도를 높이기 위해 현지 프랑스인 집에서 하숙했다.

프랑스 학원에는 특이한 점이 하나 있다. 시험 결과만을 기준으로 반을 정하는 것이 아니라 한 가지 조건이 더 있다. 바로 유럽 언어가 모국어인 사람과 그렇지 않은 사람이다. 웬만한 유럽어는 거의 인도유럽어족에 들어간다. 그리고 인도유럽어족은 크게 세 개의 그룹으로 나뉜다. 우리가 가장 익숙한 영어나 독일어는 게르만그룹에 속하고, 프랑스어를 포함해 스페인어, 이태리어, 포르투갈어는 전부 라틴어 그룹에 속한다. 나머지 하나의 그룹이 동유럽이나 발칸반도에서도 사용하는 슬라브어족이다. 대표적인 슬라브어족은 러시아어이다. 그렇게 반을 나누는 이유는 다름이 아니라 언어습득 속도의 차이 때문이다. 유럽언어권의 학생들, 특히 프랑스어와 같은 라틴 그룹의 언어가 모국어인 학생들은 정말 어마어마하게 빨리 배운다. 나는 영어, 스페인어, 러시아어를 한다는 명분으로 그 그룹에 들어갔지만 조금 화가 났다. 반에는 온통 유럽 애들인데, 단어가 어려워질수록 그 애들은 그냥 알았다. 라틴어 어원이 같으니까 말 그대로 그냥 알았다.

어쨌든 우리 학원에 오는 학생들은 아시아 학생들을 제외하고는 프랑스어를 제2외국어로 배우는 경우는 없었다. 기본으로 3~4개 국어를 했다. 그런데 그곳에서 내가 본 것은 언어가 아니라 사람이었다. 기본적으로 3개 국어를 하는 학생들에 둘러싸여 몇 달을 지내면서 언어와 리더십은 정말 별개라는 점을 확실히 느꼈다. 그 우수한 그룹 내에서도 남을 배려하는 끌리는 사람이 있고, 전혀 매력이 없는 사람도 있었다. 특히 남을 배려하는 사람은 국적이 어디든지 금방 구분이 된다.

2016년 여름 하버드, 스탠퍼드, 플레처스쿨 대학원생들과 함께 중앙아시아 리더십 트렉(Central Asia Leadership Trek)에 참여한 적이 있다. 하버드 케네디스쿨 졸업생인 김흥수 대표가 설립한 CAL(Center for Asia Leadership)에서 주최하는 독특한 투어 프로그램으로 각 나라 정상급 인사들과 기업 및 국제제기구 대표들을 만나

인터뷰하는 과정에서 각 나라의 정치, 경제적 대한 통찰을 얻는 투어이다. 참여자들이 작성하는 논문급 수준의 글은 곧 책으로 출간되는 여행이라 관광 목적으로 여행할 때는 경험할 수 없는 특별한 경험이었다. 기억력으로 기네스북에 등재된 저스틴 하틀리(Justin Hartley)를 포함해 학력으로 봐서는 최고 0.1%급의 사람들이 모인 자리였다. 그중 9개 국어를 하는 친구도 하나 있었다. 그런데 그 친구가 여기저기서 여행자금을 빌리고 다녔다. 나도 그 친구에게 돈을 빌려줬는데, 언제 그랬냐는 듯 모른 척했다. 일정을 마치는 날 인도네시아 친구가 자기에게 빌려 간 돈을 달라고 하니 그제야 당황하는 척하며 돈을 주었다. 그래서 또 느꼈다.

'언어를 10개를 하던 20개를 하던 그 사람의 매력과 리더십과는 전혀 상관이 없구나.'

10개의 언어를 하는 사람은 '그저 10개의 언어를 하는 사람이구나' 정도로 생각하면 된다. 외국어보다 이 언어를 배우는 것이 더 중요하다. 사람을 격려하고 공감하고 세워주는, 즉 사람을 살리는 언어이다. 이것이 외국어보다 더 필요한 리더의 언어라고 생각한다.

《P31》의 저자이자 팀하스 건설회사 대표인 하형록 회장님께 조언을 구하고자 면담을 한 적이 있다. 그분은 내 이야기를 들으면서 뭔가를 손으로 카운트하는 듯했다. 몇 분 지나자 그분이 이런 말을 했다.

"지금 이야기하는 몇 분 동안 'I(나)'라는 단어만 열 몇 번을 사용한 거 아세요?"

뜨끔했다. 훌륭한 리더는 I(나)보다 You(너)라는 단어를 더 많이 사용한다고 했다. 남에 대해 관심이 많으니 계속 더 질문하는 것이다. 이것도 남을 귀하게 여기는 언어이다. 당연히 외국어보다 중요한 언어이다.

어떤 책에서 두 명의 성공한 사람에 관한 이야기를 읽은 기억이 난다. 첫 번째 성공한 사람과 대화하고 나온 사람들은 그의 박식함에 다들 감탄하면서 나왔다고 한다. 두 번째 성공한 사람과 이야기 나누고 나온 사람들은 자신이 참 똑똑하다고 느끼며 나왔다고 한다. 두 사람 모두 훌륭하고 존경받을 자격이 있는 인물이지만, 나는 두 번째 사람에게 더 끌린다.

두 번째 사람은 아마도 자신에게 찾아온 사람들에게 관심이 많았다. 그래서 똑똑한 지식으로 사람들을 감탄시키는 것도 좋지만 그보다는 사람들에게 질문하고 그들의 이야기에 공감해 주었을 것이다. 그리고 그들의 생각에 덧붙여 도움이 될 만한 이야기를 살짝 얹어줬을 것이다.

진짜 교육은 교육받는 자 안에 있는 무언가를 끄집어내 주는 것이라고 한다. 즉 일방적으로 자신의 이야기를 전하는 대화보다는 상대방에게 질문하고 그가 직접 답을 찾아가도록 돕는 그런 대화가 진짜 대화이다. 그런 대화에서는 상대방을 세워주는 언어가 나온다. 그 언어는 10개의 외국어보다 더 유익하다. 언어는 그 사람의 내면을 보여주는 옷과 같은 것이다. 겉모습을 둘러싼 옷은 아무리 화려해도 시간이 지나면 식상해지기 마련이다. 리더라면 내면의 옷에 더 신경 써야 한다. 내면의 언어를 열심히 익혀야 한다.

리더는 여행에서
무엇을 찾는가

———————
———————
———————
———————

요즘은 한국 사람들이 여행을 참 많이 다닌다. 항공기술의 발전으로 여행이 쉬워졌고, 여행을 하기에 좋은 조건들도 많이 생겼다. 물론 2020년은 모든 여행이 중단된 특별한 상황이긴 하지만. 한국인들이 많은 곳에는 민박집도 많고, 그 지역에 사는 한인 학생들이나 여행사들이 있어서 다양한 서비스도 있다. 영어가 조금 편한 사람들은 호스텔에 가기도 한다. 요즘은 에어비앤비가 생겨서 한국 사람들이 전혀 살지 않는 곳에도 마음만 있다면 얼마든지 갈 수 있다. 지도를 볼 줄 몰라도 내비게이션이 있고, 우버 같은 앱만 있어도 가능해졌다. 해외에 가기 쉬워져서 너도나도 해외여행을 다녀서일까? 리더가 되려면 해외 경험이 꼭 필요하다는 강박관념이 어쩐지 더 커진 느낌이다.

필자는 지금까지 60개국을 조금 넘게 다녔다. 꼭 60개국을 목표로 몇 달씩 배낭여행을 한 것은 아니다. 여행에 매력을 느끼기는 하지만, 가벼운 취미 정도로만 즐긴다. 미국에 사는 유대인 친구 데이비드의 아버지는 전 세계의 모든 나라를 다니는 꿈을 가지고, 그렇게 살고 있다. 내가 남미에서 만난 유럽이나 호주 친구들은 열심히 일해서 번 돈으로 6개월에서 1년 정도 한 대륙을 꼼꼼하게 여행하기도 한다.

해외여행을 많이 해야 글로벌 리더로서의 감각이나 국제 감각을 키울 수 있다는 말은 맞으면서도 틀리다. 유리한 면은 있지만, 완벽한 인과관계가 형성되지는 않는다. 책을 읽는 것과 비슷한 원리라고 생각한다. 책을 천 권 만 권 읽고 성장하는 사람도 있지만, 오히려 교만해져서 타인을 멋대로 판단만 하는 사람도 있다. 책을 읽으면 리더가 되는 데 유리한 면도 있지만, 완벽한 인과관계는 없는 것이다. 강의를 백 개, 천 개 들은 사람은 어떤가? 역시 유리한 면도 있고 위험한 면도 있다. 결국 삶에 변화를 주는 것은 무엇을 어떤 관점으로 보았고, 자신의 삶에 어떻게 적용했는가이다.

2019년 5월 5일 과테말라 대사관 주최로 진행된 과테말라 및 중남미 한인 차세대 리더 초청 청소년 역량강화 및 진로 상담 멘토링 강사로 초대받아 참여했다. 강사 중 가장 깊은 인상을 준 사람이 있다. 아르헨티나에서 태어난 한국인 2세로 29살에 아르헨티나 연방

정부 문화부 차관을 지낸 변겨례 전 차관보를 만나 식사하며 이야기를 나눴다. 삼십대의 젊고 멋진 분이다. 삼 형제 중에 첫째인데, 형제들 모두가 멋지다. 부모님의 교육방식이 특이했다. 15살 때부터 방학만 되면 자녀들에게 중남미, 중동, 유럽 배낭여행을 시키셨다. 함께 가는 것이 아니라 각자 따로따로. 몇 가지 규칙도 있었다. 많지 않은 하루 예산과 한 번 갔던 길로 다시 가지 않기 등. 물론 그렇게 한 명 한 명 배낭여행을 보내기 전에 2년 정도 부모님이 함께 여행하며 숙소예약부터 여러 가지 미션을 주고 여행할 준비를 시키셨다.

변겨례 전 차관보는 1달러짜리 싸구려 호스텔에서 2주간 묵으면서 온몸이 벼룩에 물어뜯기는 경험도 했고, 자기 나이에 아주 열악한 환경에서 석탄을 캐는 그런 아이들을 봤던 특별한 기억도 있고, 사막에 들어가서 가족과 연락이 끊긴 경험도 있다. 부모님이 대사관까지 동원해 아들을 찾으려 했는데, 그때 전화 연락이 닿았다고 한다. 나이가 어린 자녀를 혼자 여행을 보낸다는 것은 부모가 위험을 감수한다는 뜻이다. 아무리 사전조사를 철저히 해도 여행에서는 돌발상황이 생기는 법이다. 변겨례 전 차관보의 말에 의하면, 부모님은 그런 위험에도 불구하고 자녀들이 스스로 생각하고 결정하고 생존하는 과정에서 얻는 것이 훨씬 값지기에 그런 선택을 하셨다고 한다.

삼 형제 중에 가장 내성적인 자신의 경우 수년간에 걸쳐 일 년에 두 번씩 혼자 여행해야 했던 것이 즐겁지만은 않았다고 했다. 하지만 지금은 그 여행이 무엇보다 소중한 자산이라고 했다. 학교에서 배운 지식보다 더 큰 도움이 된다고 한다. 그렇게 자립심을 키웠기 때문에 동생들도 한인으로서 아르헨티나에서 필요한 일들을 해내며 멋지게 산다고 했다. 전 차관보는 영국 옥스퍼드에서 공공정책을 공부하고 있었다.

날이 갈수록 여행은 점점 더 쉬워질 것이다. 그런데 여행 가는 나라에 대한 역사나 문화에 관한 공부는 1도 하지 않고, 언어도 익히지 않고, 그냥 그 나라에 가면 뭔가 대단한 깨달음을 얻고 대단한 사람이 될 것처럼 착각하지 않았으면 좋겠다. 물론 여행을 통해 자신이 너무 무지했다는 것이라도 깨닫는다면 그것은 정말 값진 여행일 수 있다. 하지만 마치 한국에만 오면 잘 살 수 있겠다는 막연한 생각으로 한국에 오는 많은 외국인 근로자처럼 여러분도 선진국에 가면 성공하고 지도자가 될 것 같다는 생각은 아예 접기 바란다. 안목과 마음가짐이 없다면 세계를 몇 바퀴 돌아도 별 도움이 안 된다. 책한 권을 가치 있는 무언가를 발견하겠다는 마음으로 정성껏 읽는 것이 더 낫다. 무엇을 하든, 무엇을 보든, 어디를 가든 의미를 찾겠다는 마음가짐이 중요하다. 그것이 리더의 가치관이다.

글로벌 리더의
글로벌한 삶

"Think globally, act locally."

생각은 글로벌하게 하고

행동은 지금 있는 자리에서 하라는 말이다.

2009년 첫 시애틀 방문길에 있었던 일이다. 비행기 옆자리에 앉았던 사람은 시애틀에서 태어났고, 시애틀에 대한 자부심이 아주 큰 사람이었다. 맛집으로 시작된 대화는 점점 재미있어졌다. 내가 시애틀 자랑을 더 해보라고 했더니, 그는 신이 나서 도착할 때까지 이야기를 이어갔다. 그의 이야기를 들으면서 깜짝 놀랐다. 비행기 회사 보잉, 마이크로소프트, 아마존, 스타벅스, 커크랜드, 익스피디아가 시애틀에서 탄생했다는 것을 그의 이야기를 통해 처음 알게 된 것이다. 현재 글로벌 기업으로서 전 세계 사람들이 다 알고 있는 그런 기업들 말이다. 시애틀을 방문할 때마다 스타벅스 1호점도 갔었고, 아마존 본사에서 일하는 후배 덕분에 아마존 직원식당에서 식사도 했었다. 지금은 너무너무 대단하지만, 그들의 시작은 미약했을 것이다.

시작도 미약하고 나중도 미약한 사람이 있다. 시작은 창대했지만 나중은 미약한 사람도 있다. 본질은 놓치고 뭔가 근사한 것만 바라는 사람들이 대체로 그렇다.

성공하기 위해서는 여러 가지 요소들이 필요하다. 그 요소들 중에는 통제가 가능한 것도 있고, 통제를 넘어서는 것들도 있다. 적어도 이 한 가지만큼은 자신이 통제할 수 있는 영역에 존재한다. 그것은 바로 '내'가 있는 자리에서 최선을 다하는 것이다. 그 자리에서 더 창대한 미래를 꿈꾸고 밀도 있게 사는 것이다. 예를 들어 사장이 꿈인 사람은 '언제 사장처럼 살아볼까?'라는 기대만 하며 겉으로 보이는 근사한 차와 사람들의 대접만 생각하면 안 된다. 새벽부터 하루를 계획하고 열심히 사는 것부터 배워야 한다. 그리고 사장의 자리에 오르기까지 최선을 다해야 한다.

러시아 유학 중에, 〈백야나라〉라고 하는 한인여행사 수석가이드로 일한 적이 있다. 짧게는 하루, 길게는 3일에 걸쳐 진행되는 투어 과정에 에르미타주(Эрмитаж) 박물관도 포함되어 있었다. 나는 스스로 지식과 감동을 전하는 "지감가이드"로 자부심을 가지고, 3시간 정도 큐레이터처럼 박물관 안내했다. 에르미타주 박물관은 제정 러시아 시절 황제들의 겨울 궁전이기도 했다. 러시아 문화예술의 중심지인 상트페테르부르크에 자리한 박물관으로, 세계 3대 박물관 중 하나라는 자부심을 가진 곳이다. 소장품이 3백만 점이 넘어 작품 하나에 30초씩만 관람해도 다 보려면 몇 년이란 시간이 소요된다. 나는 그곳을 100번 이상 가 봤다. 혼자 공부하러 갈 때도 있었지만 주로 가이드로 일할 때 손님들을 모시고 갔었다.

나는 나의 투어 안내를 받는 분들이 찬란했던 유럽 문명과 러시아를 이해하고, 그것을 통해 결국 우리나라에 관한 관심을 가지길 원했다. 두 번째로는 그냥 그림과 조각들만 보는 것이 아니라 나 자신을 볼 수 있기 원했다. 더 나아가서 희망과 격려가 되는 메시지로 감동을 선물하고 싶었다. 지금 돌아보면 부족한 점도 많았지만, 나의 열정과 진심은 전달되었던 것 같다.

우리가 대단하게 생각하는 유럽 문명도 중세시대로 거슬러 올라가면 중국, 이슬람, 인도, 비잔틴 등의 문명에 비해 훨씬 뒤처진 문명이었다. 르네상스 이후에야 부각된 것이다. 가장 낙후되어 있던 유럽이 어떻게 르네상스를 거치며 다른 문명을 앞설 수 있었을까? 화약을 먼저 만든 중국을 두고 총과 대포를 만든 유럽. 백과사전을 세계 최초로 만든 중국이 부끄러울 만큼 인쇄술을 통해 대량으로 책을 공급하기 시작한 유럽. 원거리 항해술로 훨씬 앞서 있던 중국을 제치고 아메리카 대륙을 발견한 유럽. 여러 가지 이유가 있겠지만, 역사학자들 사이에서 정설처럼 받아들여지고 있는 점은 바로 유럽의 작은 도시국가들 간의 치열한 경쟁 가운데 끊임없는 도전으로 발전할 수밖에 없는 환경이다.

17세기 유럽과 비교하면 러시아 역시 한참 뒤처진 문명이었다. 그런데 17세기 말 러시아 최초 황제인 피터 1세가 유럽을 여행하고 선진 문명을 배워오면서 러시아 문화예술에 황금기가 찾아온다. 러시아는 늪지대를 땅으로 만들어 러시아에서 가장 아름다운 상트페테르부르크를 건설했다. 네덜란드에서 조선기술을 배워 스웨덴과의 전쟁에서 승리하면서 점점 나라가 강성해졌고, 유럽 최고의 건축가와 예술가들을 불러와 북방의 베니스인 계획도시를 건설했다. 러시아는 지정학적으로 유럽과 아시아를 잇는 유라시아이지만 실제로 유럽인들에게는 유럽이 아니고 아시아인들에게는 아시아도 아닌, 독특한 정체성을 가지고 있다. 그중 가장 유럽다운 곳이 있다면 그게 나의 제2의 고향인 상트페테르부르크다.

내가 큐레이터로서 설명한 그림과 조각 및 고대유물들은 대영박물관이나 루브르박물관처럼 전리품이 아니라 예카테리나 2세가 다 제 값 주고 사온 작품들이다. 그렇게 유럽에 뒤처져 있던 러시아가 18~19세기에 얼마나 번성했는가? 발레는 프랑스에서 만들어졌지만, 발레 하면 먼저 떠오르는 나라가 러시아일 정도이다. 도스토옙스키, 톨스토이 같은 위대한 문호들, 차이콥스키, 쇼스타코비치 같은 음악가들, 칸딘스키, 샤갈 같은 예술가들도 모두 러시아 태생이다. 이런 내용을 관광객에게 소개한 것은 유럽과 러시아의 대단함에 감탄하기 위함만이 아니다. 한국에 대한 이해와 자부심을 심으려는 이유가 있었다. 내 조국에 관한 관심을 불러일으키려는 목적이 있었다.

뉴욕 지하철을 한번 타 보면 느끼겠지만, 정말 더럽다. 하지만 그 더러운 지하철이 생긴 것은 우리나라 조선 시대 때였고, 우리가 말을 타고 다닐 때였다. 그만큼 한국은 뒤처져 있었다. 일본은 메이지 유신을 통해 서양문물을 받아들여 발전하기 시작했지만, 한국은 쇄국정책으로 인해 발전도 늦었고, 일본의 식민지까지 되었다. 애국 선조들의 목숨을 건 사투 끝에 광복을 맛보지만 결국 두 강대국의 싸움에 새우 등 터지듯 6·25 전쟁까지 겪었다. 그런데도 지금 한국이 이렇게 성장한 것을 보면 한국은 박수받을 만하다. 자원이 하나도 없는 한국에서 반도체, 자동차, 다음의 수출품이 석유화학 관련 제품이라는 것, 조그만 나라에서 조선업, 자동차업, IT를 주름잡는다는 것 등 대단한 점이 너무 많다. 자부심을 가질 만하다.

나는 이 자부심을 전하는 것이 애국이라 믿었다. 한국인답게 내 자리를 지키는 것이라 믿었다. 단순히 여행객을 인도하고 돈 버는 직업을 넘어 사명감을 가지고 했다. 가이드로서 내가 최선을 다해

할 수 있는 것은 이것뿐이었다. 지금도 나는 그런 나에 대해 자부심을 느끼고 있다.

NASA에서 청소하던 사람이 "나는 인간을 달로 보내는 일에 동참하고 있다"라는 말을 남긴 것을 기억하는가? 똑같이 벽돌을 날라도 "나는 성전을 짓는다"라고 말했던 사람을 기억하는가? 우리도 그들처럼 살 수 있다. 그런 삶이 글로벌 리더다운 삶이라고 생각한다. 본질을 기억하자. 글로벌하게 생각해도 글로벌한 행동은 바로 '내'가 지금 있는 그 자리에서 하는 것이다. 글로벌 리더는 지위가 아니다. 글로벌 리더십의 본질은 글로벌 리더다운 사고와 태도와 행동이 만들어 주는 라이프스타일이다.

2013년, 테레사 수녀님이 세운 사랑의 수녀원에서 자원봉사하기 위해 인도의 콜카타에서 지낼 때다. 공항에 내렸을 때 테레사 수녀님의 엄청 큰 포스터가 붙어 있는 것을 보고 놀랐었다. 더 놀라운 것은 택시마다 테레사 수녀님의 사진과 명언이 붙어 있었다. 하지만 사랑의 수녀원은 아주 허름했다. 도시 자체도 어둡고 가난했다. 테레사 수녀님이 평생을 바쳐 일한 곳이라면 뭔가 번듯해야 하지 않을까 하는 의구심을 가지고 봉사했다. 일주일 있는 동안 그곳 수녀님들과 봉사하는 사람들과 이야기를 나눴다. 봉사자 중에는 호주 국제학교 교장선생님도 있었는데, 그분은 일 년에 딱 일주일 쓸 수 있는 휴가 기간에 이곳에 와서 봉사를 한다고 했다.

테레사 수녀님이 어떻게 이 일을 시작했는지 아는가? 콜카타에서 인간의 존엄성을 보장받지 못하고 짐승처럼 죽어가는 사람들을 마지막 순간이라도 사람답게 보내주기 위해 사역을 시작한 것이었다. 가톨릭 교회에서도 허락이 떨어지지 않아 교황의 승인을 오래 기다렸다. 쉽지 않았지만 결국 교황청의 허락과 함께 가난한 이들을 돕기 시작했다. 하지만 주변에서 얼마나 반대와 핍박이 심했는지 모른다. 테레사 수녀님은 그렇게 무시당하고 욕을 먹으면서도 그 일을 지속했다. 그렇게 한다고 이 가난이 해결되지 않는다며 욕하는 이들도 있었지만, 연연하지 않았다.

"리더들이 할 것을 기다리지 마라.

혼자 시작해라.

한 사람씩 한 사람씩."

테레사 수녀님이 남긴 말이다. 이 말처럼, 누군가가 해야 하는 책임이 있는 것이 아니다. 다른 누군가가 해야 하는 것이 아니다. '내'가 하면 되는 것이다. 수백 명의 사람을 생각하는 것이 아니라 바로 '내' 앞에 있는 그 한 사람부터. 그렇게 한 걸음씩. 세상을 위해.

테레사 수녀님은 멋진 글로벌 리더이다. 노벨상을 받고, 영국 의회에서 연설하고, 전 세계 130여 개국에 지사를 키워내고, 어떤 종교를 막론하고 모두에게 존경받고, 심지어 가톨릭 교회에서 성자로 추앙받을 정도니, 글로벌 리더가 아니면 무엇이겠는가? 물론 수녀님은 글로벌 리더가 되기 위해 이 여정을 시작한 것은 아니다. 수녀님이 사역한 곳은 창대한 미래를 상상하는 것 자체가 사치인 곳이었다. 수녀님은 그저 실천했던 것뿐이다. 자신이 있는 그 자리에서 자신 앞에 있는 한 사람을 안아주었던 것뿐이다. 수녀님의 삶은 그 여정의 연속일 뿐이었다.

진짜 글로벌 리더십의 본질은 자신의 자리를 찾아 그 자리에서 가치 있게 하루하루를 사는 것이다. 시골 노인들을 섬기는 일일지라도, 하루하루 최선을 다해 섬긴다면 그 삶은 글로벌적으로 가치 있는 삶일 것이다. 글로벌하게 영향을 끼칠 수 있는 삶일 것이다.

chapter 2

글로벌 리더의
글로벌한 기술

제1장에서는 글로벌 리더의 본질과 리더가 되기 위해 가장 중요한 관·선·도에 대해 다뤘다. 글로벌 리더의 본질을 이해하고 리더다운 관점과 태도를 가진다 해도 실제 리더가 되기 위해서는 제2장에 나오는 필수기술들을 단련해야 한다.

또한 리더라면 항상 이 두 가지를 염두에 두어야 한다.

'나는 지금 어떻게 성장하고 있는가?',

'나는 어떻게 다른 사람의 성장을 돕고 있는가?'

진짜 성장은 실패하고 배운 뒤에 찾아온다고 한다. 숱한 실수와 시행착오를 겪으며 배운 것들이 제2장에 가득 실려 있다. 나의 아픔이 당신에게 위로와 격려가 되고 다시 일어설 힘과 용기가 되길 바라며 글로벌 리더의 필수기술에 관해 이야기를 시작해보겠다.

나를 찾는 기술

"너 자신을 알라."

소크라테스가 한 말로 알려져 있지만. 그리스 철학자 탈레스의 말이라는 주장도 있다. 누가 한 말이든 서양철학의 시작을 알리는 의미심장한 말이다. 사고하는 사람이라면 '나'를 알아가는 것이 성장의 첫 과정이라는 것을 알 것이다. 그런데 '나'에 대해 많이 고민해본 사람일수록 자신에 대해 모른다는 것을 알게 되기도 한다. 그런 의미에서 '나'를 찾는 것은 참 묘한 여정이기도 하다.

흔히 자기계발 분야의 책이나 강의에서 자신을 아는 것, 즉 자가 인지에 대해서 말할 때 자신이 좋아하는 것, 잘하는 것, 못하는 것, 하고 싶은 것 등을 이야기한다. 자신의 스토리도 그 안에 포함된다. '내'가 지금까지 어떻게 자라고 성장했는지, 어떤 경험을 통해 무엇을 배웠는지, 즉 '내'가 어떻게 '나'라는 사람으로 형성되었는지를 알아가는 과정에서 지금 자신의 현재 위치를 알게 되기 때문이다. '나'의 현재를 아는 것이 선행되어야 목적지 설정도 의미가 있다. 다만 너무 조급한 마음을 가지지 않길 바란다. 이건 전자레인지처럼 뚝딱 나오는 답이 아니다. 묵은지처럼 숙성시키는 과정에서 참된 '나'를 발견하는 경우를 더 많이 봤다. 자신을 더 알아가면, 즉 자신에 대한 그림이 선명해질수록 어디로 가야 하는지가 선명해질 것이다. 명확한 의도를 가지고 성장할 수 있을 것이다.

셀프 이미지(Self Image)와 퍼블릭 이미지(Public Image)라는 개념이 있다. 셀프 이미지는 '나는 이런 사람'이라고 내가 나를 바라볼 때 그리는 이미지이다. 퍼블릭 이미지는 다른 사람들이 '나를 바라보며 나는 이런 사람'이라고 생각하는 개념 정도로 이해하면 된다. 다만 그 두 가지 모두 100퍼센트 정답은 아니다. 그 두 가지 이미지는 진짜 '나'에게 다가가기 위한 과정으로 보는 것이 더 적절하다.

"자신의 약점, 강점, 관심사를 알고 있는가?"

"당신이 하고 싶은 일이 객관적으로 가능한지 알고 있는가?"

"꿈, 비전, 사명이라는 질문에 선명하게 그림을 그릴 수 있는가?"

이 세 가지 질문에 대한 답을 셀프 이미지와 퍼블릭 이미지를 통해 찾아보기 바란다. 진짜 '나'를 찾는 데 큰 도움이 될 것이다.

한동안 유행했던 조언이 있다. 열정을 가질 수 있는 일을 하라는 조언이다. 틀린 말은 아니다. 실제 빌 게이츠와 워런 버핏은 자신들이 좋아하고 열정을 가질 수 있는 일에 집중해서 세계 최고의 부자가 된 사람들이다. 하지만 이 조언은 듣는 이의 수준에 따라 독이 될 수도 있다. 왜냐하면 열정을 가지고 있다고 해서 그 모든 일을 잘 할 수 있는 것은 아니다. 예를 들어 나는 노래에 대해 열정을 가지고 있지만 나의 노래를 듣는 이들이 힘들어 하는 경우다. 열정있는 일을 찾고 끈기 있게만 하면 성공할 수 있다는 초긍정의 말이 꼭 틀린 것은 아니지만 자신의 강점과 약점을 무시하고 달려드는 사람에게는 해로울 수 도 있다.

한편 나의 자기경영 멘토이신 3P자기경영연구소의 강규형 대표는 먼저 자기가 잘 할 수 있는 분야에서 성과를 내고, 그 일에서 의미를 찾을 것을 권한다. 잘할 수 있는 일을 찾고 그 일에 대해 열정을 가지는 것이 어떤 면에서 더 현실적일 수 있다.

한국에서 수학이 중간 정도 수준이던 아이들이 미국에 가면 수학 우등생이 된다. 한국 고등학교 수학 수준이 높아서 그렇다. 내가 러시아에 갔을 때도 그랬다. 나는 고등학생 시절 수학, 물리 등의 이과 과목에서 두각을 보였다. 기숙학교에 20명뿐이었고, 진짜 수학을 잘

하는 아이들은 수학특성화고등학교를 가지 우리 학교에 오지 않기 때문에 20명 중에 1~2등을 한다는 것이 자신감에는 도움이 되지만 객관성은 떨어질 수 있었다. 러시아에 있는 동안 러시아어도 잘했고, 한러 통역사로 중요한 자리에 선 적도 많았지만 지금 돌아보면 그리 탁월하지는 않았다. 그냥 희소성에 의해서 나에게 기회가 주어졌던 것이고, 그런 기회들이 나의 재능을 조금 더 개발시켜 준 것이다. 즉, 나는 '자기 직면'을 제대로 할 수 없었던 것이다.

첫 번째 자기 직면은 공대에서 러시아어 수업시간에 만난 베트남 친구를 통해 이루어졌다. 그 친구는 러시아 말을 잘 모를뿐더러 베트남어 발음과 러시아어 발음이 너무 차이가 커서 도무지 알아들을 수가 없었다. 솔직히 좀 우습게 봤다. 하지만 한 학기가 끝나고 깜짝 놀랐다. 모든 과목에서 러시아 친구들도 받기 어려운 A+를 휩쓸었다. 서술형 문제들도 거침없이 풀어나갔다. 한번은 도무지 해결이 안 되는 문제가 있어 도움을 요청한 적이 있었다. 2시간 정도를 단 1초의 멈춤도 없이 종이에 써가며 문제를 풀어주었는데, 나중에 보니 교수님과 다른 방식을 택해서 같은 결론에 도달한 것이었다. 정말 입이 벌어지지 않을 수 없었다. 더 놀란 것은 그 친구는 자신만의 방식으로 문제를 푸는 것을 너무나 즐긴다는 점이었다. 나중에 알고 보니, 그 친구는 베트남 최고국립대학교 수석으로 입학해 1학년을 마치고 국비 장학생으로 러시아에 온 친구였다.

언어에서도 자기 직면이 찾아왔다. 2019년 개봉 후 전 세계 영화상을 휩쓴 〈기생충〉 시상식을 보면서 깜짝 놀랐다. 나는 이번에 봉준호 감독을 통역하는 샤론 최에게 반했다. 영어와 한국어를 어느 정도 아는 사람이 공감할 것이다. 한국말로 엉성하게 던져진 말들이 그녀의 입을 통해 너무나 근사하게 포장되어 전달되었다. 간결하지만 뜻이 와전되거나 의미가 희석되지도 않았다. 그런 사람이 또 하나 있다. 내 러시아 친구 데니스 코즐로프는 내가 아는 영어-러시아어 통역사 중 최고다. 그를 러시아에서 만났다. 그는 마약도 하던 불량청소년이라 중학교 중퇴였는데 나중에 우연히 독서를 하면서 자신이 책을 좋아하는 것을 알게 되었다고 한다. 수많은 책을 읽고 검정고시를 보고 나중에는 영어로 책을 읽기 시작해서 혼자 영어를 깨우쳤다. 그가 영어를 통역하면 샤론 최처럼 아름다운 러시아어로 전달된다.

고등학교 때 언어와 수학에 두각을 나타냈던 나는 우주 항공학을 공부하려다가 철저하게 깨진 경험이 있다. 그 후 엄청난 스트레스에 뇌종양 진단까지 받았었다. 그런데 국제관계학부로 옮겨서는 다시 성적도 오르고 건강도 좋아졌다. 사실 그런 나를 인정하고 받아들이고 도움을 요청하기까지는 용기가 필요했다. 나를 조금 더 빨리 객관적으로 바라볼 수 있었다면 더 많은 시간을 절약했으리라. 지금

하는 일은 내가 너무 좋아하고 잘하는 일이다. 일하는 과정 자체에서 의미와 기쁨을 얻고 충전되기까지 한다.

사람의 존엄성은 동일하지만 우리가 일하는 현장에서는 각 사람의 가치가 다르게 평가된다. 나의 가치를 알고 그 가치를 키우기 위한 여정에서 나에게 도움이 되었던 질문들이다. '나'를 알아가는 질문들은 물론 더 많다. 다음 질문들은 내게 개인적으로 도움이 되었던 질문들이다.

1. 내가 정말 좋아하는 일은 무엇인가?
2. 내가 남들보다 잘 하는 것은 무엇인가?
3. 나에게는 어떤 기회가 주어졌는가?
4. 사람들에게 비용을 받으면서 할 수 있는 일인가?
5. 내가 반드시 해야만 하는 일인가?
6. 나에게 깊은 만족감을 주는 일은 무엇인가?

대학교 때 반나절에 걸쳐 대대적인 적성검사를 한 적이 있다. 심리학과 역사학을 전공한 고등학교 은사인 똘로뻴로 선생님께서 해주신 것이다. 수많은 질문이 있었지만, 결론적으로는 3가지 주제로 요약된다.

1. 내가 좋아하는 일은?

2. 내가 잘하는 일은?

3. 내가 잘할 수 있다고 생각하는 일은?

은사님은 질문의 답변들을 토대로 내게 잘 맞는 직업을 5개로 분류해서 알려주었다.

1. 숫자, 문자

2. 손

3. 사람

4. 예술

5. 동물/식물

'숫자, 문자'는 언어 혹은 프로그래밍 같은 분야. '손'은 무언가를 조립하고 만드는, 즉 손으로 하는 업종이다. 기계공 같은 직업도 여기 포함된다. '사람'은 말 그대로 사람 대하는 일이며, '예술'은 음악 미술 같은 영역이다. '동물/식물'은 조경, 조련사 같은 직업이다. 너무 간소화했다고 느낄지 모르지만, 이 테스트의 한 가지 장점은 '나'를 오래 지켜본 사람들이 '나'의 결과에 대해 피드백해 줌으로써 결과의 객관성을 높인다는 것이다. 예를 들어, 본인은 노래하는 것이 좋고, 잘한다고 생각하고, 잘할 수 있다고 믿지만, 듣는 사람들은 고통스러워할 수 있다.

　내 결과는 다음과 같다. 숫자 문자(6점), 손(4점), 사람(9점), 예술(6점), 동물/식물(2점). 내가 음악과 언어, 수학 등에 대해 느꼈던 것은 딱 맞아 떨어졌다. 한편 내 방에서는 선인장도 죽는 이유를 알 수 있었다. 그리고 사람들이 좋아 늘 사람을 만나는 것도 이해가 되었다. 이 테스트에서 깨달은 것은, 내가 사람을 상대하는 일을 하면서 언어, 음악적 재능 같은 것을 보조 역할로 쓰면 가장 좋을 것이라는 점이다.

　MBTI, DISC, 에니어그램, 버크만테스트, 강점혁명 등 다양한 도구들이 있다. 그런 것들에 너무 의존해서 자신을 제한할 필요는 없지만, 적극적으로 그런 테스트를 해보고 주변 사람들의 의견을 물어보는 일도 필요하다. 그리고 요즘은 정해진 직종에 '나'를 넣는 것이 아니라 '나'에게 맞는 일을 찾아가고 만들어 가는 시대가 왔다. 그렇기에 '나'를 알아가는 여정에 더욱 책임감을 느끼고 임할 필요가 있다.

　주변 이들에게 물어보자.

내가 잘 하는 것은?

내가 잘 할 거라 생각되는 일은?

내가 어떤 도움을 줄 수 있을까?

불공평한 세상에서
살아가는 기술

리더는 타고나는 것인가?

만들어지는 것인가?

　살면서 많은 리더를 만났다. 그들은 돈, 지위, 명예, 영향력을 앞세우며 나를 이끌어주지 않았다. 나를 이해해주고, 기다려주고, 믿어주고, 포기하지 않고 용기를 내도록 격려하며 이끌어주었다. 그런 면에서 참 리더들이었다. 닮고 싶었다. 지금보다 더 나은 사람이 되어야겠다 결심했다. 그분들이 내게 그러했듯이 누군가의 삶에 꿈과 희망을 줄 수 있는 그런 리더가 되고 싶었다.

　가정환경은 사람의 성장에 막대한 영향력을 끼친다. 그런데 그 누구도 선택권이 없다. 한집에서도 첫째, 둘째, 막내의 환경은 불공

평하다. 나는 막내다. 사람들이 다들 행동과 말투만 봐도 딱 막내라 한다. 철이 안 든 건 맞지만 나는 막내인 것이 좋다. 막내로서 참 많은 특권을 누리며 자랐다. 그래봤자 두 살 위에 형이 한 명 있을 뿐이지만.

형은 딱 봐도 첫째다. 생김새도 목소리도 훨씬 어른스럽다. 카리스마도 있고 결단력도 있다. 어려서부터 책임감이 남달랐고, 매사 성실한 데다 공부도 잘했다. 부모님 말씀도 잘 들어서 지루한 피아노도 열심히 쳤다. 첫째가 그렇게 잘하면 동생도 첫째처럼 잘해야 한다는 부담감을 주기 쉽지만 우리 집은 달랐다. 나의 책임은 그냥 건강하게만 자라면 되는 일이었다. 그래서인지 같은 부모 밑에서 자랐지만, 형과 나는 너무 달랐다.

캐나다 국가대표 하키팀 선수 중 대략 40퍼센트가 1~3월생이고, 10~12월생은 10퍼센트 정도밖에 안 된다는 자료가 있다. 별자리는 믿지 않지만, 염소자리, 물병자리, 물고기자리 선수들은 운을 타고난 것 같지 않은가? 정말 별자리나 생일이 사람의 운명에 영향을 줄 수 있는 것일까?

《아웃라이어》라는 책의 저자 말콤 글래드웰은 그런 결과는 점성술과 전혀 상관없고, 단순히 1월 1일을 기준으로 나이를 정하고 하키 클래스를 짜기 때문이라고 한다. 이유는 단순히 학교 시스템이었다. 학교 시스템과 생일과 무슨 관계가 있을까? 책을 읽어보지 못했다면 이런 의문이 들 수 있다. 답은 간단하다. 하키와 같은 운동은 신체조건과 운동신경이 중요한데, 사춘기 이전까지 12달이라는 기간은 엄청 큰 차이를 낳는다. 즉 연초에 태어난 아이들에게 확률적으로 더 발달해 있기에 더 많은 기회가 갈 수밖에 없다. 같은 학년으로 팀을 구성하면 연초에 태어난 아이들이 두각을 나타낼 확률이 높다. 같은 이유로, 연초에 태어난 아이들이 초등학교 하키부 주장에 뽑힐 확률도 높다. 초등학교 하키부에서 주장을 맡아본 아이는 아무래도 팀을 이끄는 리더십도 경험하게 된다. 그런 위치가 주는 책임감도 있기에 성장해야 하는 동기도 생길 수 있다. 그렇게 초등학교를 마친 아이가 중고등학교에 진학하게 되면 이 아이는 팀 주장으로서의 풍부한 경험을 쌓았기에 더 많은 출전의 기회를 누리게 된다. 이것이 캐나다 국가대표 하키 선수들의 비밀이다.

이런 현상은 캐나다 국가대표 하키팀 외에도 어디서든 쉽게 찾아볼 수 있다. 우리 집만 봐도 그렇다. 나랑 형만 집에 남아 있는 상황에서 부모님은 늘 이렇게 말씀하셨다.

"동생 잘 챙겨라."

"형 말 잘 듣고."

같은 부모 밑에서 자랐지만, 나랑 형은 완전 다른 환경에서 자랐다. 형은 리더, 나는 리더를 따르는 역할이었다. 보편적으로 첫째는 첫째답고 막내는 막내 티가 난다고 하는데, 다 역할 때문이다. 나의 경우도 딱 그렇다. 다만 나는 막내가 누릴 수 있는 모든 혜택을 누리며 자란 진짜 막내다.

부모님 말씀에 의하면 형한테 통하던 교육방식이 나한테는 전혀 도움이 안 되었다고 한다. 형은 싫어도 끙끙거리며 쳤던 피아노를 나는 부모님을 설득해 금방 그만두었다. 수학을 할 때도 답안지를 몰래 베껴놓고는 환하게 웃으면서 다 했다고 하고 나가 놀았다고 한다. 영어학원도 안 가고 밖에서 놀다 학원 마치는 시간에 집에 들어왔다. 물론 나중에 들통나서 호되게 야단맞았지만, 공부를 안 해서가 아니라 거짓말 때문에 혼이 났을 뿐이다. 그만큼 무언가를 강요받지 않고 자유롭게, 말 그대로 원 없이 놀며 자랐다. 고기를 구워도 막내인 나한테 시키는 경우는 없었다. 보통은 부모님이 구워주는 것을 먹기만 했다. 가끔 애들끼리 구워 먹어야 할 땐 당연히 형이 구웠고, 나는 기다리기만 했다. 세상 편하지 않은가?

이런 자유가 좋았지만, 막내로 태어난 것을 원망하던 때도 있었다. 챙김을 받는 것과 타인의 결정에 따르는 것에 익숙해서 성인이 되어서도 독립적으로 결정하고 책임지는 것에 힘들어했다. 책임질 필요가 없는 환경에서 자랐으니, 스스로 결정하는 능력이 필요한 상황에서 종종 불편을 겪었다.

첫째와 막내를 너무 일반화시킨 점도 있지만, 핵심은 모든 사람은 그 자체로 특별하다는 점이다. 나는 막내로서 형이 갖지 못한 나만의 경험이 있다. 남의 떡이 더 커 보일 수 있지만, 나만의 독특함을 만들어준 환경에 고마운 마음을 가지기로 했다. 불평하는 것은 삶에 아무런 도움이 안 된다. 환경을 탓하는 태도는 오히려 해롭기만 하다. 누구나 환경에 영향을 받은 자신을 인정하고 그것에서 장점을 찾는 것이 현명하다. 그래야만 '나'의 독특함이 빛을 발할 수 있다.

꿈을 준비하는 곳에서
적응하는 기술

러시아 황제의 여름 별장이 있는 핀란드만에 있는 학교 건물 크라스네 조리(Красные Зори)는 황제 친척들이 별장으로 쓰던 곳으로, 조선 말기 흥선대원군의 별장으로 쓰였던 석파정 정도라고 생각하면 된다. 공산주의 붕괴 후 정부에서 관리하지 못하던 건물을 빌려 만든 학교는 19명이나 되는 영국 총리를 배출한 이튼스쿨처럼 러시아와 구소련 국가들을 이끌어갈 리더를 양성할 목적으로 설립되었다. 1994년 10월 설립된 학교로, 설립 당시 한 학년만 모집했다. 8-11학년(한국으로 치면 중3, 고1-3이 있는 학교)을 모집했는데 나는 설립 당시 모집된 학생들과 함께 1기로 입학했다. 해를 거듭하며 학년 수도 학급도 늘어났다.

러시아에 가게 되었지만, 건물 자체는 200년 가까이 된 오래된 건물이라 시대를 거슬러온 느낌이었다. 대리석 계단과 나무 복도는 신기하고 경이로웠다. 계절에 따라 창문에 방한 용지를 넣고 빼고 하는 번거로움도 있었지만 그렇게 큰 문제는 아니었다. 처음 하는 경험이고, 내가 직접 해야 했기에 오히려 재미있었다. 가장 맘에 들었던 것은 한국의 두 배가 넘는 방 천장고였다. 물론 천장이 높으니 추울 때도 있지만, 어려서 그런지 큰 추위는 못 느꼈고, 조그만 농구 골대를 설치해 마음껏 슈팅할 수 있어서 정말 좋았다. 한국의 아파트에서는 상상할 수 없는 자유로움이었다.

학교 건물은 금방 적응했는데, 중요한 것은 학교생활에 적응하기였다. 남자 기숙학교다 보니 여자애들에게 한눈팔 일은 없었다. 알파벳을 배우는 중이니 공부는 일단 천천히 적응한다 치더라도 아이들과의 소통은 빨리 적응해야 했다. 결론부터 말하자면 내가 선택한 소통 방법은 음악과 운동이었다.

일단 음악의 경우 클래식 음악을 했다면 수준 있는 상류사회 아이들과 어울릴 때 도움이 될 법도 하지만, 우리 학교는 가난한 구소련 지역 학생들과 러시아 학생들이 모인 학교였다. 대단히 부유한 집 아이들의 학교가 아니었기에 중학생 때 교회에서 드럼을 쳤던 것이 신의 한 수가 되었다. 학교에 밴드가 있는데 내가 학생 전체 중에서 드럼을 가장 잘 쳤기 때문에 자신감 향상에 큰 도움이 되었다. 메이저리그 후보로 계속 벤치에 앉아 있는 것보다 마이너리그라도 주전으로 뛰는 것이 낫다는 말도 있지 않은가. 내가 드럼을 가장 잘 쳤다는 말은 20명밖에 안 되는 학생 중에서 드럼을 배운 학생이 하나도 없었다는 말이다. 드럼을 제대로 배운 사람이 들으면 웃을 일이지만 나는 그 자신감을 가지고 대학생 때까지 드럼을 쳤고, 후배 양성까지 했다. 나한테 드럼을 배운 것이 계기가 되어 인생이 바뀌었다는 후배도 있다.

또 하나는 운동이었다. 나는 러시아 아이들보다 체구는 작았지만, 힘도 스피드도 지구력도 전반적으로 좋았다. 새벽부터 군대처럼 운동으로 일과가 시작되었다. 개인적으로는 1시간 일찍 일어나 기도하고 운동을 한 후 공식 새벽운동에 참여했다. 사실 운동 말고는 할 수 있는 것이 별로 없는 환경이기도 했다. 틈만 나면 근력운동을 했고, 우슈라고 하는 중국 무술도 배웠다. 축구, 농구도 열심히 했다. 특별히 농구의 경우 한국에서 배워 온 몇 가지 기술들을 잘 써먹어서 학교에서 나름 최고의 '인싸'가 되었다. 한국에서는 인정받지 못한 운동 실력이었지만 러시아에서는 킹카로 대접받았다. 다만 공부로 인정받기까지는 시간이 더 걸렸다. 물론 한국에서 공부한 것이 도움이 되어 수학을 꽤 잘하는 아이로 인정받고 공대까지 진학했긴 했지만, 외국어를 새로 배워서 따라가기에는 시간이 필요했기에 하루하루 내공과 실력을 쌓아야만 했다.

이와 같이 고등학교 시절 음악과 운동을 통해 자신감을 회복했던 것이 성장 과정에서 좋은 양분이 되었다. 지극히 개인적인 사례이고, 나와 다른 경우들도 많이 봤기 때문에 일반화할 수는 없지만, 나는 그렇게 해서 조금 쉽게 러시아 문화에 적응했다. 내가 선택할 수 있는 것이 아니었는데 이런 배움의 환경이 주어졌다는 게 참 감사한 일이다. 운동과 음악이 해외 유학생활 적응하는데 도움이 될 것을 예상하고 배운 것이 아니라 그냥 좋아서 했던 것인데 언어를 배우고 친구를 사귀는데 많은 도움이 되었다.

당시 소련 정권이 무너지고 구소련 지역 국가들 전체가 새로운 환경과 질서에 적응해야 하는 시기였다. 그 시기 상트페테르부르크는 러시아에서 두 번째로 큰 도시였다. 또한, 러시아의 문화예술 황금기 때의 수도였고, 공산주의 혁명이 일어났던 곳이며, 북방의 베네치아란 별명답게 아름다운 운하와 유럽식 건물이 가득한 곳이었다. 소련 시절에는 국립대학이 상트페테르부르크 국립대학과 모스크바 국립대학 2개뿐이었는데, 러시아 최고 인재들을 배출해낸 상트페테르부르크 국립대학 교수님들이 우리를 가르쳤다는 것은 영광이었다.

소련 시절 교수님들은 월급에 대해서 크게 고민할 필요가 없었다. 집이 제공되었고, 연구하며 가르치는 일만 하면 충분했다. 하지만 소련이 붕괴하면서 상황은 완전히 달라졌고, 그로 인해 우리 같은 사립학교에서 교수님들을 초빙하는 것이 가능해졌다. 교수님들도 추가 수익을 낼 수 있으니 마다할 이유가 없었다.

내가 러시아어를 못하면서 러시아 생활에 잘 적응할 수 있었던 이유 중 하나는 한국에서 배운 수학 때문이다. 다행히 한국 중학교 3학년 수학 내용을 러시아에서는 8학년 9학년에서도 배우니, 조금만 노력하면 좋은 성적을 받을 수 있었다. 내가 수학에 흥미가 있다는 것도 그때 처음 알았다. 수학도 화학도 물리도 흥미가 생기니 더 열심히 하게 되었다. 학교공부에 자신감을 느껴본 것도 처음이다. 이제까지 공부로 스트레스 주지 않은 부모님에게 감사한 마음이 들었다. 고등학교 졸업식은 멋지게 해서 부모님을 기쁘게 해 드리고 싶었다.

또한 책 한 권을 만나게 되며 내 가슴은 더 뜨거워졌다. 그 책은 바로 홍정욱 저자의 《7막 7장》이다. 그가 미국 명문 사립고등학교 초우트와 하버드 대학교에서 살아남기 위해 얼마나 치열하게 살아왔는지를 읽으며 나도 마음을 다잡았다. 공부를 별로 좋아하지 않으면서도 평소 하지 않던 행동을 하며 공부했다. 정해진 취침시간 이후 방에 불이 켜져 있으면 벌점을 받았다. 그래서 화장실에 들어가 러시아어 단어를 외우며 공부한 것이다. 러시아 사람들을 닮아 팔다리가 긴 모기가 무서워 오래 있지 못하고 나와야 했지만.

나에게는 꿈이 있었다. 내가 러시아로 간다는 이야기를 듣고 친구 아버지가 해주신 말씀 덕분에 가진 막연한 꿈이었다. 러시아는 문학이나 기초과학 분야가 많이 앞서 있으니, 그런 공부를 하면 좋겠다고 하며 언급한 분야 중 하나가 우주 항공학이었다. 실제로 러시아가 기초과학 분야에서 뛰어나고 아직 발표되지 않은 논문들도 아주 많다는 사실을 알았다. 상상력이 풍부한 나는 벌써 러시아에서 우주 항공학을 공부하고 미국에서 석사를 마치고 NASA에서 일하는 상상을 했다. 나중에 한국에 돌아와서 비행기를 만들고, 40년 후에는 달나라에 호텔을 짓겠다는 꿈도 가졌다. 허무맹랑한 꿈 같지만, 부모님은 그런 나의 꿈을 지지해주었다.

그런 때에 러시아의 우주정거장을 만드는 일에 참여했던 교수님 한 분이 우리 학교 선생으로 왔다. 소련 붕괴가 아니었다면 우리 학교가 생기지도 않았을뿐더러 실력 있는 교수님들이 학생들을 가르칠 리도 없었다는 것을 생각하니 정말 운명적인 만남 같았다. 그 교수님은 전문지식 때문에 러시아에서 미국으로 출국 금지까지 당한 분이었다. 나는 교수님에게 배우면서 막연했던 우주 항공학의 꿈을 키워갔다. 나중에는 전공할 마음까지 품었다. 그래서 교수님과의 대화 끝에 결국 상트페테르부르크 국립대 공대의 우주 항공학과 연관 지어 공부할 수 있는 기체 수리 역학 쪽을 선택했다.

당시 러시아 대학들은 외국인들을 환영했다. 러시아 사람들은 학비가 없이 상징적인 금액만 지급하며 재학할 때라 달러를 들고 학교를 찾아오는 외국인들을 좋아했다. 물론 지금은 많이 달라졌지만, 그 당시만 해도 외국인은 입학시험을 볼 필요도 없었고 학비만 내면 입학이 가능했다. 하지만 나는 그때 무슨 배짱이었는지 "나는 정문으로 들어간다"라면서 보지 않아도 되는 대학입학시험을 러시아 학생들과 똑같이 치르고 학교에 입학했다. 긴장도 되었지만 기대감이 더 컸다. 고등학교에서 친구들과 선생님들에게 인정받고 사랑받은 덕분에 대학교에 가면 당장 세상을 바꿀 수 있을 것 같은 자신감이 있었다.

외국인은 들어가기는 쉬워도 나오기는 어려운 곳이 러시아의 대학이었다. 나는 멋지게 졸업하겠다는 꿈을 품고 공대생 생활을 시작했다.

인생의 막다른 길에서
살아남는 기술

고등학교 시절은 남학생 기숙학교에서 지내며 아침 6시부터 저녁까지 짜여 있는 틀 안에서 생활했다. 그런데 고등학교를 떠나 대학에 진학하니 수업에 빠져도 뭐라고 하는 사람 하나 없고, 전부 내가 알아서 해야 하는 자유가 넘치는 환경이었다. 대학 시절 나는 학교 수업, 농구부, 교회 활동에 몰두했다. 이 중 교회 활동은 활동 자체의 시간도 많았지만, 이동시간만도 몇 시간씩 걸려서 정말 엄청 많은 시간과 에너지를 썼다. 내가 좋아서 시작한 일이지만 그것이 학업에 어떤 영향을 줄지는 미처 생각하지 못했다. 우선순위 관리를 못 해 학점은 바닥을 찍었다. 한 과목을 낙제하면 1년 모든 과정을 다시 반복해야 하는 상황이었는데, 나는 1학년을 두 번, 2학년도 두 번 다녔다. 정말 창피해서 얼굴을 들고 다닐 수가 없었다. 나중에는 학교 수업 기피 증세까지 생겼다.

그렇게 3년 반 정도 시간이 흐른 어느 날, 갑자기 머리가 상상을 초월할 정도로 아팠다. 눈의 시력이 현저하게 떨어졌고 일주일에 3번씩 구토하는 일이 반복되었다. 2002년, 3개월에 걸친 검사 후 뇌종양 진단을 받았다. 놀라기도 했지만 다른 한편으로는 너무 다행이다 싶었다. 러시아는 휴학 개념이 없던 때라서 일단 학업을 중단해야만 했다. 학업을 따라가지 못해 그만뒀다는 것은 너무 창피했지만, 불행인지 다행인지 아파서 그만둔다는 좋은 핑곗거리가 생겼기 때문이다. 한국으로 들어와 대형병원 세 곳에서 다양한 검사를 받았다. 그 과정에서 이런 질문이 생겼다.

'만일, 내게 남은 시간이 일 년이라면 나는 무엇을 하며 살까?'

인생의 막다른 길에 서 있다는 생각이 들자 평소 보이지 않던 것들이 보이기 시작했다. 우주 항공학을 공부하겠다는 이유가 남에게 인정받고 싶은 마음이라는 것도 알게 되었다. 부모님에게 인정받고 싶었고, 러시아로 가는 이유를 묻던 친구들에게 증명해 보이고 싶었고, 조국이 자랑스러운 한국인이라고 불러주기를 원했던 것이다. 내 인생을 사는 것이 아니라 남을 위한 인생을 살아왔다는 생각이 들면서 정신이 번쩍 들었다. 내 마음 깊은 곳에서는 우주 항공이 아닌 다른 일을 더 원하고 있었다. 나는 스스로에게 계속 질문하기 시작했다.

'우주 항공학이 아니라면 무엇을 하지?'

'내가 벌써 3년 반이라는 시간을 소모했는데, 마저 해야 하지 않을까?'

그런 과정에서 23년간의 삶을 돌아보게 되었다.

'내 삶이 가치 있는 삶이었나? 의미 있는 삶이었나?'

'기억하고 싶은 것은 무엇인가?'

이런 본질적인 질문들은 보지 못했던 것들을 보게 해주었다. 희망도 주었다. 한 달을 살더라도 하고 싶은 일을 하자는 생각이 들었다. 결국 나는 하고 싶은 일을 감사하게도 찾게 되었다. 위기가 기회라는 말처럼, 나의 아픔은 삶의 방향을 찾는 기회가 되었다. 나의 아픔은 삶의 막다른 골목에 선 나에게 나침반 역할을 해준 고마운 선물이었다.

마치 머릿속에 하얀 캔버스를 꺼내 놓고 그림을 그리듯 지난날을 되돌아보니 참 감사한 순간들이 많았다. 내가 걸어온 삶이 소중하게 느껴졌다. 여러 날에 걸쳐 그런 생각을 한 후 다다른 결론은 사람이었다. 나를 믿고 이끌어준 분들, 용납해주고 사랑해준 분들, 감사한 분들이 생각났다. 나로 인해 희망을 얻고 다시 일어설 수 있는 용기를 얻은 사람들, 삶이 풍성해지고 성장한 사람들도 생각났다. 그리고 이런 생각에 이르렀다.

'가치 있는 일이라면, 내가 한 달을 살아도 그 일을 해야 행복하

지 않을까?'

구체적인 직업이 떠오르지는 않았지만 누군가에게 희망을 주고, 누군가의 재능이 마음껏 발휘되도록 돕는 일을 하고 싶었다. 내가 무엇을 얼마나 이루었는지보다 내가 이 땅에 사는 동안 얼마나 많은 이들의 삶에 이바지했는지가 더 가치 있는 '성공'의 척도가 된다는 확신이 들었다.

'누가 인생이라는 여정을 마치는 순간, 나를 기억해 준다면……'

그렇게 된다면 나의 삶은 헛된 여정이 아닐 게 분명했다. 마침내 나는 앞으로 다른 사람에게 희망을 주고 그들의 잠재력 개발을 돕는 일을 하겠노라고 결심했다. 다른 말로 '성'장을 돕고 '격'려하는, 그렇게 '성격' 좋은 윤스키로 살기로 마음먹었다.

러시아에서 뇌종양 진단을 받았고 양성종양인지 악성인지 확인 및 치료를 위해 한국에서 검사 받았다. 아산병원, 국립암센터, 명지 성모병원 검사 진단이 각각 달랐다. 일종의 편두통, 뇌하수체 비대로 인한 시력상실 및 두통, 뇌 경련 혹은 뇌혈관질환이라는 공통적인 진단은 있었다. 뇌종양은 아니어서 수술할 필요가 없었다. 뇌하수체가 1.5배 부어 있었지만, 화학 치료도 수술도 하지 않고 혹시 증세가 반복되면 다시 진찰하기로 했다. 퇴원해서 약을 먹으며 정기적으로 검사를 받았다.

한국에서의 치료는 생각보다 빨리 마무리되었다. 다시 러시아로 돌아온 나는 공대를 그만두었다. 우주 항공학의 꿈을 접고 국제관계학 1학년으로 새롭게 입학했다. 다시 학교에 들어가니 고등학교 동창이 조교로 1학년들을 가르치고 있었다. 순간 4년이란 시간을 낭비한 것 같았다. 사람들을 피하고 싶을 만큼 부끄럽기도 했다. 아직까지 학교에 다닌다고 하면 다들 석사 과정인 줄 아는데, 다시 대학교 1학년 신입생이 되었으니 부끄러울 만도 했다.

그러나 수치스럽다고 느꼈던 것들이 시간이 지나니 오히려 약이 되었다. 실패의 경험이 다른 사람의 아픔에 공감할 줄 아는 마음을 키워주었다. 그것이 축복이라 생각되었다. 그래서 말하고 싶다. 일부러 선택하지 않았어도 이미 본인의 삶에서 벌어진 일이라면 피하지 말자고. 그 안에서 긍정적인 것을 찾을 수 있고, 단 하나도 버릴 것이 없다고.

조금은 이기적인
자기관리의 기술

2014년 글로벌리더십개발원(GLDI)에서 일할 때 이야기이다. 캘리포니아에서 이십대 젊은이들을 대상으로 진행한 리더십 훈련을 마치고 가족과 함께 있을 때 일이다. 훈련 자체는 너무너무 좋았다. 40일이라는 짧은 기간 안에 젊은이들이 변하는 모습을 볼 때 얼마나 행복했는지 모른다. 이런 일을 할 수 있다는 것은 정말 놀라운 특권이었다. 당시 나는 한국에 거주했기 때문에 출장을 마치고 한국에 돌아오곤 했는데, 그해는 아내와 딸이 나와 함께했다. 아내의 지인은 우리에게 묵을 수 있는 숙소와 차량도 제공해주었다. 한국의 습한 여름을 생각하면 캘리포니아는 천국이다. 땀도 안 나고 아침저녁으로 선선하고, 덥더라도 그늘에만 가면 서늘하다. 아침저녁으로 선선하기에 상쾌한데 모기도 없으니 다들 캘리포니아, 캘리포니아 하는 것 같다. 물론 캘리포니아는 한국의 몇 배가 되기 때문에 날씨의 차이가 조금은 있지만, 내가 있던 남가주 부근은 그랬다.

훈련이 끝나고 한 달은 가족과 캘리포니아에 있으니 얼마나 좋았을까 싶지만, 사실 정말 괴로운 시간이었다. 아침에 일어나 아이를 어린이집에 데려다주고 출근했다. 세 살짜리 아이가 엄마 아빠와 떨어지는 것이 너무 싫어 대성통곡을 했다. 하루도 빠짐없이 그렇게 아이를 어린이집 선생님에게 맡기고 가면 아침부터 마음이 무거웠다. 나중에 안 사실이지만 아이들은 부모 앞에서만 그렇게 울고, 코너를 돌아 부모 모습이 안 보이면 언제 그랬냐는 듯이 논다고 한다.

아이를 보내고 아내와 직장에 갔다. 아내에게 관광과 쇼핑을 하라고 했지만, 아내는 원치 않았다. 내가 신용카드를 줬다면 기꺼이 갔을지도 모르지만, 나는 사무실에 앉아 있는 아내가 계속 마음에 걸려 일에 집중할 수 없었다. 아내를 제대로 챙기지도 못하면서 일도 못한 것이다. 퇴근 시간이 되면 처리하지 않은 일로 인해 스트레스를 받았다.

퇴근하면서 딸아이를 픽업하러 나갔다. 아이를 픽업하고 저녁 식사를 했다. 외식을 하든, 집에서 먹든 식사 후에는 아이와 놀이터에서 한 시간씩 놀아줬다. 아빠로서 할 일이라 생각하며 아이와 놀이터에 가지만 나의 손에는 늘 핸드폰이 들려 있었다. 아이가 부를 때를 제외하고는 계속 핸드폰으로 업무를 처리했다. 사실 업무가 아니라 그냥 문자만 주고받고 SNS 확인하는 일이 더 많았다. 아이가 나를 부르면 건성으로 대답하고 다시 핸드폰으로 들어갔다. 그렇게 한 시간을 놀아준 뒤 집에 와서 씻고 이런저런 정리를 하면 금세 잘 시간이 되었다.

내가 해야 하는 중요한 일이 하나 더 있었다. GMAT라는 시험 준비였다. 이것은 경영학 석사과정에 지원할 때 치러야 하는 시험인데, 영어로 보는 수능이라고 표현하면 될까? 아무튼 영어가 모국어가 아닌 나에게 쉽지 않은 시험이었다. 몇 달 집중해서 공부하고 끝내야 하는 시험이었다. 시험 날짜는 점점 다가오고 진도는 빠지지 않으니, 점점 부담감이 커져 결국은 나와 함께 있는 가족이 짐이 되었다. 실제로 공부나 회사 업무를 할 수 없는 시간에도 계속 그 부담감을 안고 있으니 심적으로 전혀 건강할 수 없었다.

새벽 4시 반에 기상해 공부할 시간을 확보했다. 내가 방해받지 않는 유일한 시간이었다. 그렇게 새벽마다 공부하던 어느 날 일이다. 늘 하던 방식으로 성경을 한 장 읽고 공부를 시작했는데, 그날은 시계가 고장 난 듯했다. 성경을 한 장 읽었는데 한 시간 정도 시간이 흐른 것이다. 정신을 다시 차리고 생각해보니 한 시간 동안 졸면서 성경을 읽은 것이다. 더 큰 문제는 읽은 성경이 전혀 기억나지 않았다는 것이다. 머리를 망치로 얻어맞은 듯했다. 비단 공부의 효율성 문제만이 아니었다. 사람들과의 관계에서도 같은 패턴을 발견했다. 한 달 반을 잠을 줄여가며, 학생들과 합숙하며 리더십 훈련을 했다.

그렇게 '가치 있는 일'이라고 생각하며 섬겼는데, 가장 중요한 가족에게는 헌신하지 못하는 자신을 발견하게 된 것이다. 돌봐주기는커녕 예민하고 불평으로 가득한 아빠, 남편으로 변해가고 있었다. 누굴 가르칠 생각말고 "너나 잘하라"는 말이 번쩍 떠올랐다. 딱 나를 두고 하는 말이었다.

수많은 사람이 목표를 달성하기 위해 열심히 산다. 그런데 그 과정에서 정말 중요한 것을 간과하거나 희생시키기도 한다. 여러분은 혹시 그런 경험이 없는가? 혹시 그랬다 하더라도 회복할 수 있다면 좋겠다. 건강이든 가족과의 유대감이든 회복시킬 수 없는 경우까지 가는 경우도 흔히 보았다. 이제 누구에게든 그런 일은 없었으면 좋겠다.

전 코카콜라 회장 더글라스 태프트(Douglas Taft)가 2000년 신년회에 신년사로 했던 연설이 전 세계적으로 많은 관심을 받은 적이 있었다. 더글러스 회장에 따르면, 우리는 일, 가족, 건강, 친구, 영혼(나)이라는 5개의 공을 돌린다고 한다. 일은 고무공이라 떨어져도 튀어오르지만, 나머지는 유리공이라 떨어뜨리면 깨지고 회복이 안된다고 한다. 이 말은, 직장에만 신경 쓰지 말고 삶의 균형을 유지하라는 조언이다.

'나'의 상태를 인지하고 인정하는 것을 자기 직면이라고 한다. 내가 진짜 원하는 것이 무엇인지를 질문하는 것이 '나'를 알아가는 과정에 다 포함된다. 그리고 필요한 것이 바로 자기관리다. 현재의 상태에서 본인이 원하는 상태로 가는 것을 자기관리라고 보면 된다. 나는 '캘리포니아 사태'를 통해 스스로에게 내가 성장해야만 하는 이유, 일종의 당위성을 찾았다. 이타적으로 남을 돕는 일에만 열중하는 것이 아니라 조금 이기적으로 나에게 집중하고 나를 관리해야 함을 알게 되었다. 그것에 가족이 포함된다는 것을 깨닫게 되었다.

앞서 산소마스크 이론을 언급했었다. 아무리 아이가 옆에 있어도 보호자는 먼저 마스크를 착용하고 아이에게 씌워주어야 한다. 이것이 자기관리다.

자기관리가 안 되어 탈진하면 아무것도 남에게 베풀 수 없다. 툭 까놓고 말해서 돈도 있어야 누군가에게 줄 수 있고, 지식이나 지혜나 경험도 뭐가 있어야만 남과 공유하고 나눠줄 수 있는 것이다. 누군가를 돕고 싶다면 자기부터 챙겨야 한다.

나의 경우 자기관리가 안 되고 소진되니, 선물 같은 아내와 딸이 짐으로 느껴졌다. 나에게 보호받고 사랑받고 지지받고 혜택을 누려야 하는 나의 사랑하는 가족이 피해를 본 것이다. 좀 격하게 들릴지 몰라도 내가 자기관리를 거지같이 하니 내 딸은 거지같은 아빠의 딸로, 내 아내는 거지같은 남편의 아내로 살게 되었다. 우리 부모님도 거지같은 자식의 부모가 되고 말았다. 말 그대로 거지같은 세상이 된 것이다. 이것이 목숨 걸고 자기관리하며 성장해야 하는 진짜 이유다. 가족, 혹은 가족처럼 사랑하는 사람을 위해 우리는 자기관리하며 성장해야 한다.

조금 이기적으로 스스로를 챙겨야 하는 명분이 너무 뚜렷해졌다. 나는 완벽하지 않은 사람이다. 그런데도 나를 사랑해주는 가족이 있다. 그 가족을 나도 사랑한다. 이왕 사는 인생, 사랑하는 이들이 나로 인해 기뻐하는 모습을 보고 싶다. 나를 자랑스럽게 여기게 해주고 싶다. 그것을 실천하고, 또 그것을 확장해 다른 사람들에게 유익을 주는 능력으로 키우고 싶다. 여러분은 어떠한가? 나와 함께 성장해 보지 않겠는가?

성장하기 위해서는 전략이 필요하다. 전술과 싸움을 위한 도구가 필요하다. 그중에 몇 가지를 이제 소개하고자 한다.

마지노선에서
시간을 관리하는 기술

시간 관리가 중요하다는 것은 아마 누구나 공감할 것이다. 시간을 관리한다는 것은 그 시간 안에 해야 하는 일들과 연관성이 있다. 시간 안에 해야 할 일이 다른 농부와 샐러리맨의 경우 시간 관리의 형태가 다를 수밖에 없다. 프리랜서와 소방관의 시간 관리 형태도 마찬가지일 것이다.

요즘은 비즈니스적 삶이든 개인의 삶이든 장기적인 관점, 즉 삶의 비전과 사명, 가치 등을 염두에 두고 계획하는 방식을 많이 택한다. 이론적으로는 이렇다. 삶 전체를 큰 숲으로 보고 꿈과 비전을 찾아 정말 소중한 가치를 기반으로 평생 계획을 세우는 것. 그것을 10년, 5년, 3년, 1년의 중장기 목표로 쪼개고 연간계획을 세우는 것. 또 그것을 12달로 쪼개고 월간, 주간 계획까지 나눠 하루하루를 실속 있게 사는 것. 얼마나 멋진가? '나'의 하루하루가 '내'가 평생 가고자 하는 방향과 한 방향으로 일치하니 매일매일의 활동이 얼마나 보람 있을까? 물론 생각처럼 쉽지는 않다. 개인적으로 이런 시간 관리를 강의하기도 하지만, 머리로 아는 것보다 실천으로 삶을 개선하는 것이 중요하다.

경영학의 아버지라 불리는 피터 드러커는 "너의 시간을 알라 (Know Thy Time)"라는 의미심장한 말을 했다. 시간을 관리하기 위해 가장 우선적으로 해야 하는 것은 너의 시간을 아는 것이라고 한다. 그 이유는 "측정할 수 없으면 관리할 수 없기 때문이다.(If you can not measure, you can not manage - Peter Drucker.)"

눈에 보이지 않는 '나'의 시간을 기록하면 시간이 도대체 어떻게 사용되는지, 그 원인이나 결과가 무엇인지 알 수 있고 개선도, 관리도 가능하다는 말이다.

나의 경우 시간을 알기 위한 탐구 과정에서 나의 모습 3가지를 발견했다. 그리고 그것을 예방하고 개선하는 마지노선 전략을 쓰고 있다. 그 3가지 모습과 그에 따른 3가지 전략을 소개한다.

1. 죄 없는 도둑 : 뺏은 놈 탓 말라. 뺏긴 놈 잘못이다

2006년 대학 국제관계학 공부할 당시 러시아에서 미국 Babson

College 경영대학원생들과 함께하는 프로젝트에 참여한 적이 있다. 다 같이 음식점에서 식사했는데, 내 노트북 가방을 통째로 잃어버렸다. 당시 내가 제일 아끼던 것을. 며칠 후 친구놈에게 하소연했는데, "가져간 놈도 나쁘지만 잃어버린 놈은 더 나쁘다"라는 말을 했다. 화가 났다. 하지만 생각할수록 일리 있는 말이었다. 정말 중요한 것이면 조심했어야 했다. '일행들이 다 같이 앉아 있으니깐 괜찮겠지'라고 생각한 내 잘못이 가장 컸다. 도둑질할 빌미를 줬기에, 가져갈 만하니까 가져간 것이다. 그들을 탓한다고 내 삶에서 나아지는 것은 하나도 없었다.

시간도 똑같았다. 계속 도둑을 맞고 있었다. 지저분한 책상, 정리되지 않은 가방과 메모 등으로 쓸데없이 시간을 낭비하는 경우가 많았다. 실수 안 하려고, 완벽해지려고 애쓰고, 심지어 남이 날 어떻게 볼까 염려하면서 보내는 시간은 어떤가? 젊음만 믿고 밤낮으로 무리했다가 앓아누워 며칠을 통째로 날려버리는 경우도 많았다. 특히 시험 기간이나 프로젝트 마감일이 다가오면 이렇게 사라진 시간이 후회된다. '시간 도둑'들이 원망스러워진다. 과연 그 도둑놈들 책임일까? 뺏은 놈보다 뺏긴 놈 잘못이 더 크다. 계속 반복되는 패턴이라면 근본적 원인은 나다.

2. 미련한 기부자: 유한함을 알고 선택하라

대학 시절 내 원룸형 기숙사에는 3~7명의 친구가 살았다. 기본 2~3명이면 아주 조용한 날이다. 친구들은 대체로 어려운 형편의 구소련 유학생으로, 도움이 필요하기도 했다. 나는 부모님의 지원을 받으니 함께 나누는 것이 당연하다 느꼈다. 또한 나는 지식과 경험을 나누며 누군가에게 도움 주는 것이 좋다. 그런데 가끔은 그들이 아닌 나 자신의 만족감을 위해 도울 때도 있다. 심지어 도움을 요청하지 않아도 오지랖 넓게 나서기도 한다. 내가 그런 사람인데, 누가 나에게 도와달라고 요청한다면 어땠겠는가? 친구가 힘들어하면 모든 일 중단하고 옆자리를 지켰고, 하소연을 하면 계속 들어 줬다. 누가 도와달라면 내 과제를 제쳐놓고라도 도왔다. 결국, 내 과제는 다 못하고 남의 과제만 도와준 적도 있었다. 사실 이유는 용기가 없어서 거절하지 못한 것이다.

어떤 면에서는 더 이기적인 행위였다. 남에게 잘 보이려고 감당도 못 할 것을 욕심내고, 나중에는 그들을 원망까지 하니 이 무슨 모순인가? 어른이 되어도 충분히 반복되는 패턴이다. 성인이 되니 나의 시간을 요구하는 일과 사람들이 점점 많아진다. 선택해야 하는 상황이 자주 온다. 근본적으로 나의 태도가 바뀌어야만 한다. 감사하게도 결혼하고 나서 아내 덕분에 많이 균형이 잡혔다.

한마디로 나는 거절하는 법을 배워야 했다. 그랬다면 그 자체로 엄청나게 많은 시간을 절약할 수 있었을 것이다. 사람과의 관계에서 효율성을 따지는 것이 아니다. 무엇인가에 NO라고 한다는 것은 다른 무언가에 YES라고 대답하는 것이다. 거절은 '내'가 유한한 존재이고 '나' 역시 제한된 시간을 가진 존재라는 것을 인정하는 겸손이다. '나'를 꼭 필요로 하는, 그런 의미 있고 중요한, 일과 사람을 선택하는 성숙한 행위이다.

《기브앤테이크(Give and take)》라는 책에는 기버(Giver), 테이커(Taker), 매처(Matcher)라는 개념이 소개된다. 받은 것보다 더 많이 주는 것을 좋아하는 기버, 준 것보다 더 많이 받기를 바라는 테이커, 받은 만큼 돌려주는 매처. 이들 중 누가 가장 성공했을까? 가장 가난했던 사람은 기버다. 그렇다면 매처나 테이커 중 하나가 가장 성공했다는 말일 텐데, 가장 상위권에 있던 사람 역시 기버다. 말장난이 아닌, 연구자료를 근거로 한 팩트다. 성공한 기버는 물론 시행착오도 겪지만 결국 어떤 이들에게 베풀어야 하는지 분별하는 능력을 키웠다. 다른 사람의 이익뿐 아니라, 자신의 이익에도 관심이 많았다. 나는 이 점이 시사하는 바가 크다고 생각한다. 자신의 이익을 추구하는 것은 욕심의 차원이 아닌, 남을 돕기 위해 해야 하는 자기관리일 필요가 있다고 본다. 맹목적 이타심은 진짜 도움이 필요한 이들을 돕지 못하게 할 수도 있다. 자기 자신도 돕지 못할 수 있다.

3. 양치기 소년: 약속에 신중하고 한 약속은 지켜라

이솝우화의 양치기 소년 이야기는 전 세계 아이들이 아는 이야기다. 딸아이에게 그 이야기를 몇 번이나 읽어줬는지 모른다. 이 책을 읽어줄 때면 거의 뮤지컬 배우가 된다. 늑대의 울음소리부터 양치기 흉내까지 온갖 연기를 다 한다. 우리는 양치기 소년처럼 살면 안 된다는 교훈을 아이에게 전하기 위해서다. 그런데 어느 순간 진짜 양치기 소년은 나라는 것을 깨달았다. 그리고 그것이 나의 시간 관리에서 가장 큰 과제임을 깨달았다. 나의 시간 관리에서 가장 큰 적은 지키지 못할 과도한 '약속'이었다.

아무리 멋진 목표를 세우고 계획을 해도 약속을 지키지 않으면 그것은 공상가의 꿈과 같다. 나의 일정표에는 해야 할 일의 목록이 늘 빼곡하게 채워져 있었고, 다 마무리하지 못해 다음날로 넘어가는 일이 다반사였다. 티끌 모아 태산이라고, 그런 일들이 산더미처럼 쌓였다. 그 원인은 스스로 약속을 하고도 그것을 대수롭지 않게 여기는 태도였다. 남과의 약속을 어기면 죄책감과 미안한 마음이라도 들지, 나 스스로에게는 너무 무던했다. 오늘 하기로 한 일을 다음 날로 넘기고 다음 주로 넘기는 일이 허다했다. 온라인 영어교육을 등록하고 몇 번 듣지도 않았는데 기간이 만료된 적도 있었다. 구매하고 열어보지도 못한 채 그냥 날린 교육도 있었다. 관리의 문제일 수 있지만, 근본은 자신과의 약속을 지키지 않았다는 것이다.

미루지 말고 자신과의 약속을 지키라는 그런 뻔한 이야기를 하려는 것은 아니다. 자신과의 약속을 중요하게 생각하는 것은 스스로를 중요한 존재로 대우하는 것이다. 그러므로 약속에는 신중해야 한다. 그리고 아주 작은 것이라도 지키기 시작하면 기적이 일어난다. '내'가 '나'를 신뢰하게 되는 기적, 그것이 쌓여 다른 사람도 '나'를 신뢰하게 되는 기적 말이다. 반대로 '나'와의 약속을 대수롭지 않게 여기는 것이 지속되면 '나'에 대한 신뢰가 떨어진다. 자신감도 점점 떨어진다. 포기하는 것이 습관이 되고, 스스로를 그런 존재로 대우하게 된다. 물론 다른 사람도 '나'를 신뢰하지 못한다.

마지노선(Ligne Maginot). 프랑스에서 언어연수할 때(2007년-2009년) 꼭 가보고 싶었던 곳이다. 독일군과의 전쟁 대비 목적으로 새운 대형 요새다. 프랑스 육군성장관 앙드레 마지노(André Maginot)가 제안했다고 해서 마지노선이라 이름했다. 막대한 비용에 건설 기간만 10년. 서울과 부산을 두 번 왕복할 정도의 길이. 난공불락의 요새였다. 하지만 히틀러가 벨기에를 거쳐 프랑스에 침략하는 바람에 단 한 번도 자신의 역할을 감당하지 못한 무용지물의 대명사가 되었다. 하지만 일반적으로는 더 물러설 수 없는 선을 의미하는 말로 쓰인다.

나는 나만의 시간 관리 마지노선이 있다. 더 양보하기 힘든, 반드시 지켜내야 할 최후의 보루라고 할 수 있다. 지금까지 소개한 죄 없는 도둑, 미련한 기부자, 양치기 소년을 관리하는 나만의 방법이다. 내가 시간 관리가 잘 안 되었을 때 다시 집중하기 위한 방법이기도 하다.

첫째로 잠자리에 드는 시간과 일어나는 시간을 정한다.

이것이 흔들리면 모든 것이 흔들린다. 학교나 회사에 다닐 때는 이 시간들은 외부적인 요소에 의해 지켜진다. 하지만 방학이나 휴가 때는 흔들리기 십상이고, 이것이 흔들리면 시간 관리 전체가 엉망이 된다.

다음으로는 최소 5분이라도 하루 할 일을 생각하고, 또 하루를 평가하는 것이다.

외적인 시간 도둑이든 내가 거절하지 못해서 잃어버린 시간이든 그 원인을 찾아 해결하려고 한다. 이때 중요한 것은 스스로와 약속을 하는 것이다. 학교 수업시간이 정해져 있듯이 나에게 중요한 것을 내 일정 안에 미리 넣어놓는 것이다. 즉 책을 읽는 것이 중요하다면 그 시간을 미리 확보하는 것이다. 많이 할 필요도 없다. 오히려 약속이 너무 많으면 지속이 안 되고, 지키기도 힘들다. 한 가지 약속만 잘 지켜도 자신이 달라 보이고, 세상이 달라 보일 것이다. 신중하게 약속하고 양치기 소년이 되지만 않는다면 아무도 '내' 시간을 훔쳐가지 못한다.

요즘 무서운 시간 도둑이 있다. 도움을 줄 때도 있지만 도둑질할 때가 더 많다. 그래서 조심해야 한다. 일명 드폰이. 성은 핸이다. 나처럼 쉽게 방해받는 사람들은 특히 조심해야 한다. 핸드폰으로 시간을 보려다가 카카오톡에 30분씩 쓴다. 책을 보려다가 유튜브를 보면서 몇 시간씩 쓰기도 한다. 뚜렷한 목적 없이 붙잡고 있으면 시간이 정말 순식간에 날아간다. 그리고 따라오는 것은 허탈감이다. 하지만 이 녀석 없이 사는 것은 절에 들어가서 도를 닦을 것 아니면 거의 불가능하다. 요즘은 스님들도 핸드폰을 쓰는 것 같다.

나는 위대한 시간 도둑을 잡기 위해 핸드폰 사용 시간을 정했다.

핸드폰을 피하는 나만의 시간을 정해서 목숨 걸고 그 시간을 사수한다. 되도록 오전 시간에 지키려 한다. 잘 지키고 있고, 그래서 희망적이다. 내가 나의 시간을 지키기 시작하면 그렇게 지킨 시간이 나의 미래를 지켜줄 것이라 생각한다.

"카톡타임"도 만들었다. 하루 종일 문자 확인하면서 에너지가 분산되어 디지털 노예가 되는 것 같았다. 그래서 한번에 몰아서 카톡을 읽고 답하는 시간을 정했다. 그것이 카톡타임이다.

시간 도둑을 잡고 중요한 것을 일정에 넣고 그 약속을 지키는 것. 여러분이 아직 시간 관리의 고수가 아니라면 거기서부터 시작하기를 권한다. 그리고 정말 제대로 시간 도둑을 잡고 시간을 관리하겠다는 마음이 생긴다면 《성과를 지배하는 바인더의 힘》을 읽어 보기 바란다. 체계적인 도움을 받을 수 있을 것이다.

의욕이 넘치는
사람의 에너지 관리 기술

나처럼 의욕이 넘쳐 탈진할 수 있는 사람은 시간뿐 아니라 에너지를 관리해야 한다. 그래야만 지속해서 높은 성과를 낼 수 있다. 〈조금은 이기적인 자기관리의 기술〉에서 소개한 나의 사례가 기억나는가? 내가 새벽에 일어나서 한 시간 동안 성경을 읽었지만 겨우 한 장 읽고 내용도 기억 못했던 일 말이다. 또한 아이와 한 시간씩 시간을 보내도 전혀 아이에게 집중하지 못하고 몸만 그 자리에 있었던 것. 직장에서 근무시간은 지키지만, 아내를 염려한다면서 일에 집중하지 못했던 것. 이것은 시간 관리의 프레임으로 설명하기 어렵다. 물리적인 시간은 분명히 관리가 되었지만 결과적으로는 지식도, 자녀와의 관계도, 일도 하나도 성공하지 못했기 때문이다. 이와 같은 일을 방지할 수 있는 하나의 프레임이 바로 에너지 관리다.

아무리 좋은 자동차라도 관리해주지 않고 rpm 5,000으로 계속

밟으면 결국 고장이 난다. 물론 인간도 자동차도 영원한 것은 없지만 오랫동안 잘 사용하도록 관리하는 방법은 있다. 그걸 무시하면 자신만 희생물이 된다. 선택은 본인이 하지만 그 선택에 따르는 결과는 선택할 수 없다.

에너지 관리에 대한 개념은 《내 몸과 영혼은 에너지 발전소》라는 책에서 처음 접했다. 보통 에너지 관리하면 건강을 주로 생각하는데, 이 책에서는 에너지를 신체적(Physical), 감정적(Emotional), 정신적(Mental), 영적(Spiritual) 에너지로 분류한다. 서로 연관성이 있어 완전히 분리할 수 없지만 나름 각 영역의 특징이 있다.

이 네 가지 영역의 영문 앞 글자를 따서 PEMS 라고 하자. PEMS 영역이 잘 관리되면 신체적으로 건강해서 활력이 넘치고, 감정적으로 사랑하는 이들과 유대감이 깊고, 정신적으로 날카로운 집중력을 발휘하고, 영적으로 의미 있는 삶을 살며 내적 만족감과 높은 성과를 지속해서 유지하게 된다. 영적인 것은 종교적인 신념으로 생각하지 말기 바란다. 목적, 사명, 비전 같은 것들로, '나'를 움직이는 원동력이 되는 것으로 이해하면 좋겠다. PEMS 개념을 나의 개인의 삶에 적용하기 시작한 지 이제 7년이 되었다. 덕분에 나는 현재 이십대의 에너지를 유지하며 살고 있다.

일상에서는 몸이 피곤하고 아파서, 누군가로 인해 감정이 상해서, 어떤 이유에서인지 정신이 몽롱해서 나처럼 한 시간 동안 책을 읽어도 집중이 안 될 때가 있다. 삶의 의미가 흐릿해지거나 무기력해질 때가 있다. PEMS의 모든 영역에서 스트레스를 받을 때 그러하다. 그런데 스트레스가 나쁜 것이라고 알려져 있지만 스트레스가 문제는 아니다. 스트레스는 오히려 자신의 역할을 충실히 하고 있다. 이런 말도 있다.

"Stress is the only way to grow."
(스트레스는 성장을 위한 유일한 길이다)

즉 스트레스는 우리에게 성장을 위한 자극을 준다. 문제는 회복이 없는 스트레스다. 즉 만성 스트레스가 문제다.

연초가 되면 많은 사람들이 헬스장에 등록하고 운동을 시작한다. 운동은 우리 몸에 스트레스를 주는 것이다. 근력 운동은 많이 하고 나면 온몸이 뻐근하고 아프다. 하지만 24~48시간 회복할 시간을 주면 끊어졌던 근육질은 더 탄탄하게 회복된다. 그 후에는 신체적으로 더 강해지고, 더 많은 스트레스도 이기게 된다.

감정의 경우도 같다. 실패도 하고, 거절도 당하면서 감정적으로 스트레스를 받아본 사람이 그 과정에서 회복하고 나면 역경지수라는 것이 자라 더 단단해진다. 웬만한 어려움에는 포기하지 않게 된다. 그런데 성공만 해본 사람은 다르다. 가령 단 한 번도 전교 일등을 놓친 적이 없던 아이는 일류대학에 가서 처음으로 일등을 놓쳤을 때 좀처럼 회복하지 못한다. 역경지수가 0이기 때문이다.

중요한 것은 스트레스를 주기적으로 회복하는 것이다. 회복이 없다면 나처럼 나가떨어질 것이다. 회복을 해야만 점점 더 수용력이 확장될 것이다. 우선은 신체적 에너지부터 관리하자. 건강이 무너지면 다 무너지기 때문이다. 신체적 에너지를 관리하기 위해서는 음식, 운동, 수면 세 가지만 기억하면 된다. 유치원 때부터 배운 이것을 모두가 알고 있지만, 막상 지키고 살기는 쉽지 않다. 조금만 관심을 가지고 찾아보면 자신에게 맞는 건강관리 방법을 쉽게 찾을 수 있다.

나는 '캘리포니아 사태' 이후 이 세 가지부터 바꿨다. 일단 처음에는 임상하는 마음으로 6개월간 지속했다. 자신의 체력 상태를 계속 주시하면서 지냈다는 의미다. 원래 식사만큼은 열정을 가지고 먹던 내가 식사량을 줄였다. 아침에 가벼운 식사를 하고, 아침과 점심 사이에 간단한 간식을 먹었다. 설탕이 많이 들어가서 혈당수치를 빨리 올려주는 음식은 섭취하지 않고 천천히 에너지를 공급해주는 견과류, 채소 등을 주로 먹었다. 그랬더니 점심때 허기지지 않아 과식하지 않게 되었고, 식곤증으로부터도 아주 자유로워졌다. 그렇게 저녁 먹기 전에도 약간의 전략적 간식을 먹으니 저녁 식사도 과식하지 않을 수 있었다. 식단관리는 요요를 생각해 엄격하게 하지 않고 20:80 법칙을 적용했다. 80%는 건강하게 먹기 위해 노력했다면 20% 정도는 내가 좋아하는 음식을 먹었다. 하루 너무 기름지게 먹었다면 다음 날에는 채소를 조금 더 의도적으로 섭취하려고 애를 썼다. 물도 하루 2리터 이상 마시기 위해 물병을 들고 다니며 마셨다.

운동은 계획적으로 했다. 스트레칭은 매일 했고, 근력 혹은 유산소 운동은 일주일에 최소한 두 번씩 했다. 기준은 한 번 할 때 최소 20분으로 잡았다.

가장 어려웠던 것은 수면 시간을 8시간으로 늘리는 일이었다. 시간을 정해서 하늘이 두 쪽이 나도 잠자리에 들었지만 잠들기가 쉽지 않았다. 잠이 안 올 때면 마음이 너무 무거웠다. 나만 인생의 낙오자가 되는 것 같아서. 하지만 최소 3개월은 지켜보기로 작정했다. 잠이 안 와도 지켰다. 지금도 노력은 하지만 8시간씩 자는 것은 생각처럼 안 될 때가 있다. 그럴 때는 낮잠과 명상으로 수면을 채웠다. 잠도 시간보다는 질이 더 중요하다. 질 높은 잠이 에너지를 높인다. 나는 수면의 질을 높이기 위해 호흡법, 자기 전 스트레칭, 방 온도 조절, 잠들기 한 시간 전 핸드폰 화면 멀리하기 등을 실천하고 있다.

이와 같이 음식, 운동, 수면을 바꾸면서 2달 후 나의 하루 에너지 레벨은 완전히 달라졌다. 나는 새사람이 된 기분을 느꼈다. 아침마다 개운하게 일어났고, 일하고 집에 돌아올 때도 에너지가 남아 있었다. 정신적으로도 온종일 일정한 집중력을 유지하는 것이 가능해졌다. 신체적 에너지를 관리하니 정신적 에너지도 더불어 좋아진 것이다.

이제 감정적인 에너지와 영적인 에너지의 변화에 관해서도 이야기하겠다. 감정적 동물인 사람은 결정을 내릴 때 논리적으로 사고하는 것 같지만, 실제로는 감정적 요소에 더 영향을 받는다고 한다. 사실 사람들과의 관계뿐 아니라 어떤 일을 할 때 감정이 상할 때가 많이 있다. 상한 감정, 즉 부정적인 감정은 다른 사람에게까지 전염된다.

내 안에는 다음과 같은 부정적인 감정이, 내가 인지하기도 전에, 깊이 자리 잡고 있었다.

'아내랑 딸 때문에 내가 해야 하는 것을 못하고 있어.'

'아빠라는 것은 너무 힘든 거야.'

'나는 피해자야.'

부정적인 감정은 부정적인 에너지를 만든다. 그 에너지는 본인뿐 아니라 다른 사람에게도 영향을 끼친다. 나 역시 그랬을 것이다. 내가 부정적인 에너지로 가득 차 있을 때 분명히 아내와 딸에게 어떤 형태로든 전달이 되었을 것이다.

캘리포니아에서 아이와 한 시간 놀이터에서 놀아줄 때 일이다.

저녁때면 식사하고 아이와 노는 것이 일상이었다. 그날도 여전히 아이는 놀이터에서 놀면서 아빠를 불렀다.

"아빠, 이거 봐요!"

"응, 시우야! 우와, 우리 시우 대단하네!'

딸에게 하는 말만 보면 꽤 괜찮은 아빠 같지만, 실상은 전혀 그렇지 않았다. 나의 모든 관심은 핸드폰에 가 있었고, 어떻게든 이 한 시간이 지나기를 기다리고 있었다. 대답만 건성으로 하고 내 일을 했다. 그런데 갑자기 가슴이 턱 막히는 듯했다.

'내가 어쩌다 이렇게 됐지? 이게 내가 원하던 것인가?'

그런 생각에 온몸에 힘이 빠졌다.

앞이 꽉 막힐 때, 도저히 어디서부터 잘못된 것인지 모를 때 나는 감사기도를 한다. 공황장애와 죽음에 대한 공포로 일상생활이 거의 불가능했던 아버지가 감사기도를 시작하면서 살아난 경험이 있다. 그 후로 우리 집안에는 감기에 걸려 벌벌 떨어도 감사하고, 상황이 복잡하고 힘들어도 감사하는 이상한 문화가 생겼다. 나도 그 영향을 받은 탓에 그날 감사기도를 하게 되었다. 놀이터에 노는 아이를 놓고 감사기도를 하는데, 놓치고 있던 것이 보이기 시작했다. 마치 눈에 씌워져 있던 무언가가 벗겨진 듯했다. 갑자기 울컥하고 눈물이 차올랐다. 평소 같으면 사람들을 의식해서 눈물을 참았을 텐데, 그날은 주변에 있던 다른 아이의 부모들이 신경 쓰이지 않았다. 신경

쓸 수도 없었다. 나는 감사기도라 하기도 뭣한, 염불하듯 감사를 중얼거렸다. 호흡하듯 감사를 뱉었다.

그때 감사를 느꼈던 것 세 가지만 여러분과 나눠보겠다.

첫째로, 그 당시 나는 1년에 5~6개월씩 출장을 다녔다. 출장을 가면 내 사랑하는 딸이 자라는 모습을 볼 수 없었다. 물론 영상통화를 할 수도 있었지만, 아직 어렸던 딸은 영상통화가 어려웠다. 가끔 만나면 딸은 자주 보지 못한 아빠가 어색해서 오히려 심통을 부리기도 했다. 아마 아빠의 부재로 느끼는 감정을 자신도 모르게 그렇게 표현했던 것 같다. 그런데 이 여름에는 가족이 2달 반을 함께 미국에서 보내면서 딸아이가 성장하는 것을 직접 볼 수 있었다. 그런 감사한 환경인데, 나는 그것에 불평만 하고 있었다.

두 번째로, 여자아이들은 성장 과정에서 특별한 이유 없이 아빠가 싫어질 때가 온다고 한다. 내가 아는 여자들 중 절반 이상이 그럴 때가 있었다고 한다. 우리 딸도 그러지 말란 법이 없었다. 그런데 지금 아빠가 좋아서 매일 놀자고, 안아달라고, 이것 좀 봐 달라고 칭얼대고 있었다. 이 칭얼거림을 무시하면 나중에 후회할 것이 뻔했다. 지금 딸과의 시간을 누리는 것이 행복을 붙잡는 것이라는 깨달음이 찾아왔다.

마지막으로 우리 딸이 건강하다는 것이다. 건강하니 밖에 나가서

144

뛰어놀고 싶고 활력이 넘치는 것이다. 물론 아이들의 넘치는 에너지에 맞춰 놀아주다 보면 부모님의 에너지가 부족해지는 경우가 많다. 하지만 아이가 건강하단 증거니 감사한 것 아닌가? 아이가 아팠다면 침대에 누워서 꼼짝도 못 했을 것이다. 내 아이가 건강하게 있어주는 그것만으로도 얼마나 감사한가.

이렇게 나의 관점이 바뀌고 나니 회복이 되었다. 스트레스가 날아갔다. 부정적이었던 감정이 긍정적인 감정으로 바뀌었다. 감정적 에너지와 영적 에너지가 변화했다. 아빠라는 존재의 역할이 무엇인지 흐릿해져서 삶의 뚜렷한 방향 없이 흔들렸지만, 내가 아빠로 존재해야 하는 이유가 다시 명확해졌다.

그날 감사기도를 마친 나는 핸드폰을 주머니에 넣고 놀이터로 들어가 아이에게 집중했다. 아빠에게 안기고, 아빠가 미끄럼틀 타는 자신을 지켜봐주는 것에 행복해하는 아이를 보니 또 울컥했다. 미안했다. 내가 원망스러웠다. 더 나은 아빠가 되고 싶었다.

놀이터에서 감사기도가 터진 일이 있고 나서 지금도 아이와 놀 때면 20:80 원칙을 적용한다. 장난감 같은 것은 20퍼센트 정도 사용하고, 80퍼센트는 아빠인 내가 직접 놀아준다. 재미있는 동영상을 틀어주면 한 시간이 훌쩍 지나가지만, 아빠의 책임을 회피하는 비겁한 행동이라 느끼고 딸과 해피타임을 만들었다. 30분이든 한 시간이든 우리가 해피타임으로 지정한 시간에는 아빠는 절대 핸드폰에 손을 대지 않는다. 아이가 하고 싶은 놀이에 100퍼센트 집중한다. 아무리 바빠도 그 시간은 만들 수 있다. 시간을 확보하는 훈련을 했기 때문이다. 5분이어도 10분이어도 좋다. 여러분도 가족 또는 사랑하는 사람을 위해 시간을 확보하는 훈련을 하기 바란다. 특히 나처럼 출장이 잦은 사람에게는 꼭 필요하다. 행복을 원한다면 주저하지 말자.

피곤해서 집에서 쉬고 싶은 마음은 있겠지만, 직장에서는 하기 싫다고 그냥 하던 일을 멈추지는 않을 것이다. 그러므로 힘들어도 해야 한다. 소중한 사람들에게 남은 찌꺼기 같은 시간과 에너지를 줄 수는 없다. 특히 아이에게는 그렇다. 아이는 아빠가 밖에서 얼마나 힘들었는지 알 수도 없고, 알 필요도 없다. 그건 아빠의 몫이자 책임이다. 그런데 달리 생각하면 특권이기도 하다. 아이는 집에 돌아와 함께해주는 아빠에게 집중해주기 때문이다.

나는 아이에게 바라는 점이 있다. 아이가 자라서 아빠를 이렇게 기억해줬으면 좋겠다. '아빠랑 놀면 재미있다', '아빠는 내 편이다', '아빠는 나한테 완전히 집중한다'. 최근에 추가한 것이 하나 있다. '아빠가 자랑스럽다'. 이 말만큼은 아이가 꼭 할 수 있게 해주고 싶다. 그것을 이루기 위해 나는 에너지를 잘 관리해야 한다.

두려움을 이기는 기술

나는 지독하게 '시작하기'와 '끝내기'를 못한다. 무언가를 시작하려면 최적의 방법을 찾기 위해 생각하느라 시간이 오래 걸리고, 마무리하려면 조금이라도 완벽하게 하려는 마음에서 끝이 안 난다. 그 두 가지 때문에 놓친 기회들을 생각하면 '너 도대체 뭐 하는 놈이니?'라는 생각이 들어 안타깝기도 하다. 하지만 지금은 조금 다르다. 그 두 가지 사이에 숨어 있던 두려움이라는 녀석을 발견하고부터 달라졌다.

아이디어가 많아도 적용하지 않으면 아무 쓸모가 없다. 무언가를 성취한 사람들의 공통점이 하나 있다면 적용, 즉 실천했다는 것이다. 갑자기 무언가가 이뤄지기를 바라지 않고 도전한다는 것이다. 나의 실행멘토이자 《고교중퇴 배달부 연봉1억 메신저》의 저자인 박현근 코치가 목이 터질 듯이 외치는 말이있다. 모두 실행과 관련된 말이다.

"씨를 뿌리지 않으면서 어떻게 열매를 맺겠나?"

"적용 적용 또 적용!!!

즉시 반드시 될 때까지!!!"

한마디로 실행이 답이다. 그냥 지금의 조건에서 일단 시작하고 개선하는 것이다!

2008년 온누리 교회에서 주체한 리더십 콘퍼런스에 강영우 박사님이 강의를 해서 나도 참석한 적이 있다. 강영우 박사님은 시각장애인으로 미국에서 최초로 박사과정을 마친 뒤 백악관 장애인 정책 차관으로 여러 임기를 완수한 글로벌 리더이다.

강영우 박사님 강의를 들을 때 내 옆에 여자 전도사님 한 분이 앉아 있었다. 콘퍼런스 기간에 전도사님과 말씀을 나눌 기회가 많았다. 그분은 독특한 언어 습관이 있었다. "하나님께서, 기도하는데 이런 마음을 주셨어요"라고 운을 떼며 이야기를 시작했다. 늘 많은 가능성을 이야기했는데, 정말 멋졌다. 그런데 이야기가 길어질수록 내가 진이 빠졌다. 전도사님이 말한 것 중에서 정작 본인이 실천한 것은 하나도 없다는 느낌을 받은 것이다. 처음에 받은 좋은 인상이 실망으로 바뀌었다.

'하나님은 전지전능하시고 놀라운 일을 하실 수 있다고 말하는 전도사님이 그런 믿음을 가지고 삶에 적용한 것은 하나도 없지 않나요? 하나님이 살아계신다는 것을 보여줄 수 있는 증거가 하나도 없지 않나요?'

나는 속마음을 밖으로 꺼내고 싶었지만 차마 그러지는 못했다. 아무튼 그런 느낌을 받은 후 나는 소모성 대화라는 느낌에 전도사님과의 대화를 피했다. 그런데 갑자기 머리를 한 대 맞은 듯한 기분에 휩싸였다. 지금 그 여자 전도사님을 판단하고 있는 내가 그분과 똑같은 삶을 살고 있다는 것을 발견한 것이다. 결국, 그분은 나의 거울이었다. 내 삶에서도 수많은 "내가 반드시 했어야 했던 것과 내가 할 수 있었던 것이 있었다.(I should have done, I could have done)"~했어야 했는데(should have done), ~ 할 수 있었는데(could have done)처럼. 내가 하고 싶은 일을 하지 않았기에 느끼는 절망과 괴리감이 있었다. 그것을 직면할 생각은 안 하고 다른 새로운 것만 찾으면서 아이디어를 나누려는 내 모습을 보았기에 마음이 불편했다.

무언가 도전할 때는 대가가 따르기 마련이다. 돈, 시간, 인간관계 등 여러 가지 대가가 있다. 그런데 도전을 한다면서 대가를 지급하지 않으려는 마음이 우리에게는 있다. 실수라는, 실패라는 대가가 두렵기 때문이다. 그에 따른 '고통'과 마주하기 원하지 않아서다. 여자 전도사님을 바라보며 판단하던 나를 생각하니 정말 씁쓸했다. 전도사님이나 나나 대가를 치르지 않으려 했다는 점에서는 피차일반이었다. 내가 전도사님을 바라보았던 그 눈으로, 어쩌면 다른 사람도 나를 바라볼지 모른다는 생각에 미치자 부끄러움이 밀려왔다. 그 많은 기회를 실행하지 않아 놓쳤다는 생각, 그 후회가 주는 아픔이 그 어느 때보다 깊숙이 내 가슴에 박혔다. 그래서 전도사님을 만난 것에 감사했다. 내가 전도사님을 판단했다는 말씀을 드릴 기회가 없었고, 연락처도 없었지만, 감사했다. 하나님께서 보내주신 선물 같았다. 바로 그 행사 후 결심했다. 이번에는 실천하기로. 완벽하지 않아도, 실수하더라도, 두렵더라도 이제부터는 후회의 아픔을 남기지 않겠다고.

마침 내가 처음으로 도전할 수 있는 일이 눈앞에 있었다. 그 당시 한국 매일경제에서 글로벌 인재포럼을 진행했다. 2회 행사였는데, 빌 게이츠, 반기문 사무총장 같은 분들이 기조연설을 하고, 전 세계 리더들이 모이는 자리였기에 꼭 참석하고 싶었다. 프랑스 유학 중이었던 나는 잠깐 한국에 나왔다가 몇 달 동안 머물고 있었다. 그래서 글로벌 인재포럼에 참가하고 싶었지만, 참가자 등록이 마감되어서 참석이 어렵다고 했다. 개인적으로 친분이 있는 미국 조지아대학교 교수님께서 패널강사로 참석하시기에 교수님 백으로 들어가 볼까 생각했지만 바람직하지 않은 것 같아 시도하지 않았다. 나는 고민 끝에 자원봉사자로 지원하기로 했다. 웹사이트에서 연락처를 찾아 서류를 준비해서 보냈다. 이력서와 왜 이곳에서 봉사하고 싶은지 이유를 써서 보내야 했다. 이력서에는 영어, 러시아어는 모국어처럼 유창하고, 스페인어, 프랑스어는 자유로운 회화가 된다고 살짝 뻥튀기해서 일단 도전했다. 그런데 금방 영혼 없는 답이 메일로 왔다. 관심 가져주셔서 감사하지만, 내년에 지원해 달라는 내용이었다. 왠지 담당자가 쓴 것 같지도 않았고, 그냥 자동 메일처럼 느껴졌다.

누구나 거절이나 탈락 소식을 접하면 위축된다. 나 역시 그랬다. 아니나 다를까, 괜히 시도했다가 두려워했던 결과를 얻은 것이다. 거절 메일을 받은 나의 첫 반응은 "거봐, 안 되잖아"였다. 하지만 그 전도사님을 통해 얻은 깨달음 덕분에 다시 한 번 도전하기로 했다. 하나님께서 허락하시는 기회라면 이렇게 쉽게 포기해서는 안 될 것 같았다. 나는 마음을 다잡고 답변 메일을 보냈다. 이번에는 나의 대단한 포부를 전하기 위해서 이렇게 썼다.

"답변 감사드립니다. 하지만 저는 프랑스에서 유학 중이라 내년에는 참석이 어렵습니다. 이번에 우연히 한국에 오게 되어, 늦었지만 자원봉사 신청을 한 것입니다. 그리고 글로벌 인재포럼에서는 저를 향후 강사로 섭외하실 것입니다. 그러니 이번에 기회를 주십시오."

이 글을 쓰는데 심장 박동과 가파른 숨소리가 느껴졌다. 떨리는 손에서는 땀이 났다. 그런 상태로 '보내기' 버튼을 눌렀다. 다음 날이 되었지만 메일을 확인할 용기가 나지 않았다. 용기를 내서 메일 함을 열었더니, 이렇게 적혀 있었다.

"관심 가져주신 것은 정말 감사드리지만, 이번에는 정말 자리가 없는 점 양해 부탁드리겠습니다."

충격이었다. 물론 지금 생각하면 거절을 많이 안 당해봐서 그랬 던 것도 있지만, 그때는 그랬다. 그래도 감사한 것이 이번 답변에는 영혼이 조금 담겨 있었고, 담당자가 메일 하단에 자신의 이름까지 적어놓았다. 어쨌든 단호한 거절임이 확실했다. 충격을 회복할 시간 이 필요했다. 결국, 그 여자 전도사님과의 만남을 다시 한 번 생생하 게 머릿속에 그렸다. 그리고 결심했다.

'뭐든 삼세판인데 한 번 더 시도해보자. 안 되더라도 세 번 시도 는 해 본 것이니 미친놈 소리 듣더라도 후회는 남기지 말자.'

다음 날 담당자에게 전화를 돌려 통화했다. 꼭 기회를 달라고 말 이다. 그분의 답변은 역시 "정말 이번에는 안 됩니다"였다. 그 상황 에서 나는 계속 머리를 굴리며 기도했다. 지금 전화를 끊으면 마지막 인데 어떤 방법을 알려달라고 기도했다. 순간 아이디어가 떠올랐다.

"대리님 윗분 중에 결정권 가진 분이 계실 텐데, 그분께 연결해 주실 수 있습니까?"

다행히도 담당자는 자신의 상사인 과장님의 이름과 연락처를 알 려주었다. 나는 바로 전화를 돌려 과장님을 찾았다.

"○○○ 대리님께서 행사 자원봉사 관련해서 결정하실 수 있는 분이라고 하셔서 전화 드렸습니다."

"아, 그래요? 음……. 일단 이메일로 이력서를 보내주세요. 확인 후 연락드릴게요."

"감사드립니다."

날아갈 것 같았다. 내가 두려움을 극복해서 도전했고, 이제 결정 권자에게 이력서가 전달되니 잘될 것만 같았다. 기대감으로 답변을 기다렸다. 하지만 하루, 이틀, 사흘이 지나도 연락이 없었다. 일주일이 지났다. 어찌해야 할지 몰랐다. 내 안에 있던 두려움은 계속 올라왔다. 세 번 시도했지 않은가? 그럼 된 거 아닌가? 그럴 수도 있었다. 하지만 당시 세계무역센터 이희돈 수석 부총재(안타깝게도 지금은 고인이 되신)가 하신 교회 간증 내용 중 "하나님의 사람은 안 되더라도 과감하게 시도하고 도전하고 할 수 있는 것은 끝까지 해봐야 한다"는 말씀이 머리에서 떠나지 않았다. 여기서 멈추면 반드시 후회가 남을 것 같았다. 그래서 고민하다 결국 매일경제 사무실로 찾아갔다.

장애물이 하나 더 있었다. 직원 카드를 스캔하고 들어가야 하는데, 나에겐 아무것도 없었다. 일단 로비 직원들에게 과장님 성함을 대고 들어갈 수 있는지 물어봤다. 사무실 위치는 알려줬지만 직접 통화해서 들어가라는 것이다. 하지만 그 순간 들었던 생각은 전화 통화를 하면 반드시 그냥 통화로만 끝나버릴 것 같았다. 나는 아직 약속 시간이 아니니 조금 이따 다시 찾아오겠다고 하고는 한발 물러섰다. 그리고 건물 앞에서 한 시간 반 정도를 서성거렸다. 수많은 생각이 들었다. 여기까지만 하고 가자는 생각이 들었고, 안 해도 괜찮은 수많은 이유가 떠올랐다. 하지만 내가 답해야 할 질문은 하나였다.

'시도하는 과정에는 겪을 수 있는 아픔보다 후회로 인한 아픔이 더 클 텐데도?'

답은 "아니요"였다. 그래서 계속 서성거리며 머리를 굴렸다. 그리고 기도했다. 점심시간이 되자 직원들이 나오기 시작했다. 사람들이 우르르 몰려나오는 틈을 타서 마치 연어처럼 역물살을 타고 안으로 들어가는 데 성공했다. 이어서 직원들에게 들키지 않게 빠르게 사무실이 있는 층으로 올라갔다. 헉! 하지만 웬일! 과장님이 있는 사무실 안으로 들어가려면 유리문이 두 개나 있는데, 그 문들은 지문을 찍어야 열리는 것이었다. 또한 그 사무실 직원들은 그때 식사를 하지 않고 있었다. 아마 12시에 나가면 다들 붐비고 하니 조금 늦게 식사를 하는 모양이었다. 나는 누군가가 들어가기를 기다렸지만 아무도 나타나지 않아 40분 정도를 또 서성거렸다. 그러자 직원들이 나오기 시작했다. 나는 가장 앞서 나오는 사람을 붙잡고 ○○○ 과장님을 뵈러 왔다고 말했다. 그분은 내가 누군지 물어보지도 않고 "과장님" 하고 외쳤다. 아직 안에서 서류를 정리하고 있던 여자분 한 분이 이쪽을 바라보았다.

40분을 서성거리며 얼마나 많은 멘트를 생각했는지 아는가? 어떻게 말을 시작해야 실수하지 않을까 고민했는지 아는가? 그런데 막상 상황이 닥치니 평범한 멘트가 튀어나왔다. 나는 평범한 멘트를 최대한 밝게 웃으면서 공손한 태도로 건넸다.

"과장님, 지난번에 전화로 자원봉사 신청 드렸던 사람입니다. 이력서 보내라고 하셔서 보내드렸고, 확인 후 연락 주신다고 하셨는데 여러 가지 업무로 바쁘실 거 같아 마침 지나가다 직접 찾아뵙는 게 낫겠다 싶어 이렇게 찾아왔습니다."

"아, 네, 그러셨군요. 일단 이쪽에 앉으시고요, 성함이……."

과장님은 얼굴에 당황한 기색이 많이 보였다. 나는 응접실 소파에 앉아 차를 마시며 기다렸다. 처음의 긴장감이 지금은 약간의 편안함으로 바뀌는 것을 감지했다. 그때 밖에서 소리가 들렸다.

"○○○ 대리, 그거 프린트 좀 해봐."

내가 예상했던 대로 내 이메일을 확인조차 하지 않은 것이었다. 충분히 이해는 갔다. 하지만 그 사실을 모른 상태에서 나는 거절당했다는 두려움과 함께 '나는 자격이 안 된다' '내 수준으로는 안 된다' 같은 가짜 메시지에 끝도 없이 위축되었다. 우리 삶에서 얼마나 많은 일이 실제보다 크게 다가와 우리를 마비시키는가?

조금 후 과장님과 또 다른 분이 내 이력서를 살펴보면서 다가왔다. 그리고 과장님이 던진 한마디.

"어머나, 저희에게 꼭 필요한 분이세요."

그 순간 나는 안도의 한숨과 미소를 지었다. 과장님은 자원봉사 자리가 정말 꽉 차서 이번에는 어쩔 수 없지만, 어차피 통역 없이 연설과 강연을 들을 수 있으니 참여하도록 해준다고 했다.

실수 없이 완벽해지려는 마음만 붙잡았다면 과연 이런 경험을 할 수 있었을까? 아마 못 했을 것 같다. 대단한 성취가 아니라고 볼 수도 있지만 적어도 나에게는 자신과의 싸움에서 이긴 승리의 경험이 었다. 그 경험은 세상을 다 가진 듯한 기쁨을 안겨주었다. 그 일로 나는 내 머릿속에 있던 장벽이 실제 장벽보다 낮을 수도 있다는 것을 깨달았다. 완벽하지 않아도 일단 시도해야 길을 하나씩 찾아갈 수 있다는 것을 깨달았다.

3일 후에 매일경제에서 다시 연락이 왔다. 영국에서 오는 손님 한 분과 프랑스 소르본 대학교 총장님을 에스코트하는 업무를 부탁 했다. 긴장감 속에 그분들을 만날 때를 기다렸다. 영어, 프랑스어 둘 다 자유롭지 않았기에 긴장을 안 할 수가 없었다. 그렇지만 어찌할 것인가. 완벽하지 않아도 시작해야지. 그래야 후회하지 않을 텐데.

실수방지 주의, 완벽주의는 무언가에 시도하고 도전하는 것을 방해한다. 현재의 조건에서 일단 시작하는 경험주의를 선택하기를 권한다. 두려움이 있으므로 용기를 내야 하는 이유도 충분하다.

시각화로
성공하는 기술

높은 성과를 내는 사람들이 공통으로 하는 것이 있다. 하나는 시각화이고, 또 하나는 환경디자인이다. 둘 다 내적인 동기를 유발해 결국은 목표를 달성하게 도와주는 것이다. 시각화는 원하는 목표를 생생하게 해주고, 환경디자인은 목표달성을 위한 최적화된 환경을 만들어준다.

《생각의 비밀》 저자이자 미국에서 대단히 성공한 사업가로 활동하는 김승호 회장도 자신의 책에서 꿈을 하루에 백 번씩 적으라고 했다. 자신이 원하는 것을 매일 쓰라고 했다. 가고 싶은 사업체가 있다면 그곳에 가는 것을 계속 상상하라고 했다. 심지어 몸무게를 빼고 싶다면 핸드폰과 컴퓨터 등 암호를 사용하는 곳에 비밀번호를 모두 목표하는 몸무게 수치로 바꾸라고 했다. 끊임없이 시각화하라는 의미다.

나의 인생 멘토로 《Why me》 저자이자, 한인 1세 이민자로 미국 주류사회에 큰 영향을 준 교수, 자마(JAMA) 설립자인 김춘근 교수님이 계신다. 그는 목표한 것은 반드시 이루는 분이다. 그분은 목표를 이루려면 종이에 적으라는 이야기를 한 적은 없지만, 자신의 꿈과 비전을 늘 생생하게 그린다. 일종의 시각화 작업인데, 지난 12년간 그분을 가까이서 모시면서 확인한 사실이다. 김춘근 교수는 틈만 나면 사람들과 비전을 나눈다. 끊임없이 전략을 연구하고 실천한다. 결국, 목표는 이루어진다.

목표를 쓰는 행위의 본질은 자신이 미래의 그림을 생생하게 그리고 계속해서 상기시킴으로써 목표를 향해 나아가게, 달성할 방법을 끊임없이 생각하고 행동하게 하는 것이다. 김춘근 교수님은 종이 위에 쓰지 않았을 뿐, 목표를 위해 끊임없이 나아가고 생각하고 행동했다.

나는 2017년도 말에 처음으로 3P 바인더를 접했다. 고가의 교육이기 때문에 심심풀이 땅콩으로 한 번 듣는 사람은 별로 없다. 웬만큼 절실하지 않으면 받지 않는 교육이다. 새벽 독서 모임에 갔다가 강규형 대표님과 차 마시는 시간에 바로 30만 원을 결제하고 하루짜리 세미나를 들었다. 8시간 정규 과정인데 첫 수업을 마치고 나에게 꼭 필요하다는 것을 직감했다. 지금 아니면 언제 하겠냐는 마음에 바로 다음 교육 과정을 신청했다. 내가 아내에게 주는 한 달 월급에 맞먹는 금액을 순식간에 지른 것이다.

아무리 좋은 교육도 절실함이 없다면 효과가 없다. 아무리 훌륭한 사람을 만나도 그 사람의 가치를 모르면 아무것도 못 배운다. 세계 음악 거장들이 뉴욕 지하철에서 연주해도 많은 사람들은 그냥 지나친다. 즉 교육대상자가 교육의 효과를 결정하는 것이다. 그런 의미에서 나는 아주 괜찮은 학생이었다. 공부를 잘할 수 있는 능력은 몰라도 이것 없이는 안 된다는 절실한 마음가짐. 한국식으로 말하면 맨주먹정신이 투철했기 때문이다.

내가 하루에 200만 원을 넘게 결제한 가장 큰 이유가 있다. 내일 해야겠다고 생각했다면 절대 이 금액을 지급하고 교육을 받지 않을 것 같아서였다. 그렇게 바로 결정했더니 전문용어로 '빼도 박도 못하는' 상황에 처해서 교육과정을 따라가는 수밖에 없었다. 일종의 환경 만들기 작전이었다. 바로 이어 실천할 수 있는 환경을 만들지 않는다면 언젠가, 나중에, 내일로 미뤄지고, 그 내일은 5년이 될지 10년이 될지 까마득해지는 경험을 이미 많이 했기 때문이다.

3P 바인더는 더 높은 성과를 내기 위해 해야 할 일들을 계획하고 쪼개고 실행하는 프로세스를 관리하는 탁월한 도구이다. 교육을 받으면서 얼마나 '턱걸이 연습'을 많이 했는지 모른다. 그곳 교육생들은 내 눈에는 모두 초능력자여서 따라가기 힘들었다. 한 번 들어서

는 도무지 감이 안 오고 정말 때려치우고 싶은 순간들이 한두 번이 아니었다. 하지만 그냥 붙어만 있기로 하고 따라갔다. 나보다 더 나은 사람들과 있으면 나도 성장한다는 말을 믿고 스스로를 그런 환경 속에 넣은 것이다 그렇게 이 악물고 따라가다 보니 어느 순간 이 바인더를 가르치려고 작정하면 좀 더 이해와 적용의 폭이 넓어질 것 같다는 생각이 들었다. 강의를 듣고 그냥 지나가는 것보다 배운 내용을 발표하려고 할 때 집중도가 달라지는 것과 비슷한 현상이었다.

나는 이 바인더를 영어로 전파하기로 작정한 것이다. 영문판 바인더를 만들어 미국에 공급하는 목표를 정하고 그 과정에서 할 수 있는 목표들을 적었다. 혼자 할 수 있는 일은 아니고, 3P자기경영연구소의 협조와 지원이 있을 때 가능한 일이었다. 새우잠을 자도 고래 꿈을 꾸라는 말이 있듯이 일단 목표를 적고 그것을 이루기 위해 할 수 있는 작은 목표로 나눴다. 3P에서 뭘 믿고 나에게 그것을 맡길까 생각하다 보면 실행에 옮길 수가 없었다. 나는, 내가 지금 바로 할 수 있는 일에 집중한 것이다.

일단 미국과 캐나다 대학생들에게 바인더를 소개해보겠다는 목표를 적었다. 내가 하는 업무 때문에 대학생들을 만나곤 하는데, 이렇게 대놓고 강의를 하겠다고 한 적은 없었다. 하지만 그런 목표를 적고 몇 달 후 미국과 캐나다 대학에서 강의하는 내 모습을 상상했다. 신기한 것은 상상을 깊게 하다 보면 현실같이 느껴진다. 뇌도 그렇게 인지하는 것 같다. 아직 한국말로도 강의할 실력이 안 되지만, 일단 상상하니 긴장감과 흥분감을 느낄 수 있었다. 어차피 상상인데 뭔들 못 하겠는가. 내 강의를 듣는 학생들이 내가 첫 강의에서 받은 것과 똑같은 감동을 받는 모습을 상상했다. 그들이 동기부여 받고 앞으로의 삶을 개선하려고 하는 모습을 상상하니 신이 났다. 감격스러워 울컥하기까지 했다. 그런 장면들을 상상하다 보니 점점 더 현실처럼 느껴졌다. 종이 위의 기적. 즉 적으면 이루어진다고 하는 말을 조금은 이해할 수 있었다.

나는 목표를 달성할 수 있도록 환경을 만들었다. 실행으로 옮기기 위해 만든 환경은 크게 세 가지였다.

1. 역산 스케줄링: 데드라인 설정

2. 목표 선포: 공개하기

3. 물리적 환경 만들기

일을 미리미리 처리하는 사람을 보면 경외심이 생긴다. 나는 항상 마감 날짜가 코앞에 다가와야 몰입해서 일하기 때문이다. 솔직히 누군가 나를 관리해 주면 좋겠다. 하지만 3P 교육을 받으면서 그 부분도 개선할 수 있음을 깨닫고 개선 중에 있다.

개선 방법 중 첫 번째는 역산 스케줄링이다. 어떤 일을 하고자 하면 일단 데드라인을 정하는 것이 중요하다고 한다. 내가 한국에서 첫 강의를 시작한 것도 김서현 코치님이 일단 강의 날짜부터 정하라고 해서 가능했다. 이번 일도 데드라인을 정하는 것이 중요했다. 그래서 나는 2018년 봄에 미국과 캐나다를 횡단하면서 방문 가능한 대학에서 강의하기로 계획했다. 정확한 날짜는 안 나왔지만 일단 굵직한 틀은 잡혔다. 그렇게 큰 틀이 잡히니 강의 슬라이드가 영어로 번역되어야 하는 시점이 명확해졌다.

번역된 바인더를 가져가면 가장 좋겠지만 당장 두 달 후 미국을 가려고 하니 현실적으로 불가능했다. 그래서 일단 바인더 소개 슬라이드라도 번역하기로 마음먹었다. 단순해 보이는 프레젠테이션 슬라이드 번역이지만 직접 시작하니 시간이 너무 많이 걸렸다. 그리고 내가 초벌번역을 해도 결국 원어민에게 교정을 받아야 하니, 데드라인을 맞출 방법이 안 보였다.

그러던 어느 날 미국에서 온 GLDI 후배 두 명과 식사를 했는데, 대화 중에 후배들은 바인더 이야기에 관심을 가졌다. 나는 그길로 대낮에 찜질방으로 데리고 가서 첫 강의를 했다. 얼마나 엉터리였나 모른다. 하지만 동기부여는 됐던 것 같다. 후배 John Ki가 번역을 돕겠다고 자원했고, 내가 감수할 수 있도록 데드라인에 맞춰 장시간 번역을 해줬다. 이런 도움을 받는 것도 데드라인이 있었기에 가능했다.

다음은 목표를 선포하는 것이다. 물론 이 방법이 누구에게나 먹

히는 것은 아니다. 어떤 사람들은 더 경직되어 오히려 안 좋은 경우
가 생기기도 한다. 하지만 대부분은 혼자서 목표를 달성하려는 과정
에서 포기하거나 목표 수치를 타협하는 경우가 많기에 선포가 도움
이 될 수 있다. 목표를 공개할 경우 의외로 도움을 줄 수 있는 사람
들도 많이 만나게 된다. 목표를 달성하는 과정에, 목표 수치를 타협
하는 상황에 놓였을 때는 이미 많은 것을 얻은 상태일 수 있기 때문
이다.

혼자만 상상하고 이행하지 않는 스스로를 잘 알기에 이번에는 사
람들에게 알렸다. 코치, 마스터 과정을 배우고 있을 때 나의 존경하
는 사부님인 용현중 실장님에게 번역본을 들고 가서 발표했다. 내
가 이 바인더를 미국에서 소개할 것이며, 실장님이 강의하던 슬라
이드 영문판을 가진 것은 나뿐이라고 하자 무척 놀라워했다. 사실
3P 본사와 판권이나 특허 등 상의해야 하는 부분들이 많은데, 무식
하면 용감하다고 그냥 시작한 것이다. 감사하게도 강규형 대표님이
허락해서 원래 계획대로 진행할 수 있었다. 미국에 전파하고 오겠
다는 말을 하면서도 긴장이 됐다. 하지만 일단 그렇게 뱉어 놓으니
내 얼굴이 조금씩 두꺼워지는 것 같았다. 이야기를 들은 분들은 내
가 진짜 그렇게 할 것이라고 믿어주었다. 가장 감사한 것은 미국 가
서 "빈손"으로 올 수 없는 환경이 만들어졌다는 것이다. 즉, 미국에

가서 바인더를 전파했다는 것을 입증할 수 있는 측정가능한 목표를 만들고 가시적으로 그 목표를 달성했다는 것을 보여드려야 했다. 3P 바인더 소개 강의를 하고 인증샷도 찍어 블로그도 작성하고 영문 버전에 출시될 경우 구매할 사람들의 설문조사 결과 같은 것이 가시적인 결과였다.

다음은 물리적 환경 만들기 전략이다. 미국행 항공권을 구매하고 렌터카도 두 달간 예약했다. 혼자 여행하면 이래저래 핑계를 많이 댈 것 같아 꼼꼼하고 일을 맡으면 어떻게든 마무리 짓는 조니 베어(박요한)를 여행 동반자로 초대했다. 차로 이동하니 동선이 뚜렷이 그려져 방문 가능한 학교 동아리를 찾아 연락했다. 학교를 방문해서 시간 관리에 대해 강의를 해줄 테니 홍보해달라는 부탁을 했다. 방문 학교에 재학 중인 학생들 중에 GLDI 훈련에 참여했던 동문들이 협조해줘서 어렵지 않게 진행된 경우들도 있고, 지인의 지인에게 연락해 어렵게 진행한 경우도 있었다. 결과적으로 그런 물리적 환경까지 만들고 나니 삼 박자가 맞는 듯했다. 그렇게 두 달간 서부 명문 UCLA, 아이비리그에 속하는 코넬대학교, 뉴욕의 컬럼비아 대학교, 버지니아 공대 등을 다니며 스무 번 넘게 강의를 했다.

미래에 대한 그림을 생생하게 머릿속에 그리는 시각화를 통해 가능했던 일이다. 나는 시각화를 진행하며 할 수밖에 없는 환경을 만들어나갔다. 먼저 마감 날짜부터 정한 뒤 거꾸로 스케줄을 짰고, 사람들에게 목표를 알림으로써 도움도 받고, 물리적으로 빼도 박도 못하도록 강의 날짜를 정했다. 그 결과 원했던 성과를 달성할 수 있었다. 시각화의 힘이었다.

성장에 도움을 주는
관계의 기술

한국에서 지내면서 서울대보다 좋은 대학교가 있다는 말을 들었다. 그 대학의 이름은 '들이대'. 송수용 작가가 쓴 《세상을 이기는 힘 들이대(DID)》라는 책에서 따온 말 같은데, 처음에는 농담처럼 사용하다가 지금은 정말 '들이대'가 얼마나 좋은 대학인지 실감한다.

백만장자에 관한 연구를 한 토마스 스탠리 교수에 따르면, 백만장자들 스스로가 사람들과의 관계에서 적극적이었던 점을 성공의 비결로 꼽았다고 한다. 적극성이란 곧 '들이대' 정신이다. 한국인으로서 유럽 최대의 도시락 회사를 운영하는 켈리 최 대표도 사업을 일으키는 과정에서 '들이대'를 적용했다.

3P 자기경영 연구소의 강규형 대표님도 정성을 가지고 DID 할 것을 강조한다. 일인 기업경영을 가르치는 김형환 교수님은 DID를 하되 꼭 챙겨야 하는 것은 질문이라고 한다. 즉 정성으로 들이대

면 서울대에서도 얻을 수 없는 소중한 만남을 얻게 된다는 것이다. 전 세계적인 리더십 분야 권위자로 알려진 존 맥스웰도 전설적인 UCLA 농구 감독인 존 우든을 자신의 멘토로 삼았는데, 그것이 바로 DID 효과였다. 30분만 만나주기로 했던 그 미팅이 12년간의 멘토와 제자의 관계로 발전하게 된 것은 '들이대' 덕분이다.

이 '들이대 기술'을 쓰기 위해서는 역설적으로 들릴 수 있지만, 먼저 본인이 스스로를 신뢰할 수 있어야 한다. 여러분은 스스로에 대한 신뢰도를 평가한다면 몇 점을 주겠는가? 1~10점까지 점수를 매겨보자. 1점은 '절대 못 믿는다', 10점은 '100퍼센트 신뢰한다'. 물론 자신을 신뢰하는 수치가 높다고 다른 사람도 '나'를 믿으라는 법은 없다. 그런데 '내'가 '나'를 믿지 못하는데 사람들이 '나'를 더 높게 믿어주는 경우도 없다. 그러므로 자기관리의 기본은 스스로에 대한 신뢰 쌓기라 말할 수 있다.

다른 사람과의 관계 역시 신뢰를 기반으로 한다. 간략하지만 신뢰에 대해서 생각해보자. 지인 10명을 머릿속에 상상해보라. 그리고 한 사람 한 사람에 대해서 선택을 하자. 선택사항은 딱 두 가지. 중간은 없다. 무조건 둘 중 하나를 선택해야 한다. 시간은 단 3초. 선택사항은 아래와 같다.

1. 나는 이 사람을 신뢰한다

2. 나는 이 사람을 신뢰하지 못한다

어떤가? 1초도 안 걸려 선택한 사람도 있겠지만 애매한 경우가 더 많지 않았는가? 1초도 안 걸렸다면, 도 아니면 모다. 절대적 신뢰를 주는 사람과 돌아볼 필요도 없이 믿을 수 없는 사람이었을 것이다. 하지만 그 외의 사람들은 어떤가? 망설여졌는가? 이 사람은 성격은 괜찮은데 어떤 일을 맡기면 마음이 편하지가 않다든지, 일 처리 하나는 확실한 사람이지만 함께하기에는 어딘가 불편하다든지, 뭔가 마음에 걸리는 게 있었을 것이다. 그럼 입장을 바꿔보자. 만약 다른 누군가가 '내' 사진을 보고 선택을 해야 하는 똑같은 입장에 놓인다면 그 사람은 어떤 선택을 했을까?

누군가를 믿지 못하는 데는 여러 가지 요인이 있다. 마음을 상하게 해서일 수도 있고, 약속을 지키지 않아서일 수도 있고, 비밀을 폭로해서일 수도 있고, 맡긴 일을 엉터리로 해서일 수도 있다. 그 여러 가지 이유를 두 가지로 요약하자면 실력과 인격이다. 실력은 겉으로 보이는 성과, 인격은 내면을 담은 성품이라고 할 수 있다.

실력, 즉 겉으로 보이는 성과는 인간관계의 근간인 신뢰의 중요한 한 기둥이다. 이것은 앞서 말한 자기관리를 잘 함으로써 얻을 수 있다. 신뢰의 또 다른 기둥인 인격은 공감과 경청의 능력이란 단어로 설명하고 싶다. 이 두 가지를 기반으로 기술적으로 더 나은 관계를 만드는 33퍼센트의 기술을 소개하고 싶다. 다시 말하지만 나는 실력과 인격 둘 다 시행착오를 통해 배워야 했다. 그것도 내가 특별히 아끼는 사람들에게 실망과 고통을 주면서 배우는 일이 많았다. 때문에 마음에 흉터가 진하게 남아 있기도 하다.

러시아 유학시절 교회 리더 역할을 맡았을 때 메시아 신드롬에 빠진 적이 있다. 메시아처럼, 모든 문제를 해결하려고 달려들다 오히려 더 많은 사람의 마음 문을 닫게 했던 기억이 있다. 그들이 필요로 한 것은 이해받는 것이었는데, 나는 한발 앞서 조언하느라 바빴다. 결국, 내 만족감을 위한 행위였다. 리더로서는 절대 하면 안 될 일이었다.

"리더는 이해시키기 전에 이해하라"는 아주 단순한 원리도 깨우치지 못한 나의 무지를 드러낸 일이었다.

리더에게 정말 필요한 능력은 공감 능력이다. 나는 공감 능력을 타고나지 않은 터라 '듣는 것'이 관계에 그렇게 중요한지 몰랐다. 지금은 누군가가 진지한 이야기를 하면 2번의 침묵을 지킨다. 상대방이 이야기하다가 잠깐 멈추면, 침묵하고 기다린다. 상대방이 이야기를 이어가다가 또 잠깐 멈추면, 나는 또 침묵하고 기다린다. 내가 이야기를 제대로 이해하고 있는지 확인하는 목적으로 질문하는 것 외에는 경청하려 노력한다. 그렇게 두 번 침묵하면 사람들은 마음속 깊은 이야기를 꺼내기 시작한다. 나를 신뢰한다는 뜻이다. 사람은 누구나 다 이해받고, 인정받고, 격려받고 싶어한다. 그 마음을 달래주려면 경청함으로 공감해야 한다. 경청과 공감은 지금 나에게 중요한 대화 원칙이다.

"당신이 만나는 사람 5명의 평균이 당신의 수준이다."

토니 로빈스의 멘토이자 유명한 동기부여가인 짐 론(Jim Rohn)은 내가 자주 만나는 사람 5명의 평균을 내면 나의 수준을 알 수 있다고 한다. 사고하는 수준뿐 아니라 경제적 형편도 그들의 수준을 따라간다고 한다. 어떤 사람과 시간을 보내는지는 신중하게 생각해 볼 필요가 있다.

백만장자이며 자기계발 전문가인 타이 로페즈(Tai Lopez)는 멘토링 33% 법칙을 소개한다.

내가 만나는 사람들을 3 부류로 나누고 (나보다 낮은 수준, 나와 같은 수준, 나보다 높은 수준) 각각의 그룹의 사람들을 만나는데 33%씩 시간을 할애하라는 것이다.

의미전달 목적으로 대략 의역하면 아래와 같다.

세 부류의 사람을 한 단어로 정확하게 정의하는 것은 애매하다. 아래와 같이 임의로 표현하겠다.

1. 스승: 내가 꿈꾸는 일을 이미 하는 사람들, 내가 존경하고, 닮고 싶고, 배울 점이 많은 사람들

2. 동료: 나와 비슷한 꿈을 가지고 있거나 나보다 조금 앞서가는 사람들

3. 제자: 나에게서 무언가를 배우기 원하는 사람들 혹은 나의 도움이 필요한 사람들

참고로 이 부류에 속하지 않는 사람들도 있다. 성장에 아무런 도움이 되지 않는, 그런 관계의 사람들이 바로 그들이다. 해롭고 부정적인 관계의 사람들은 정리하는 것이 좋다. 가족관계로 연결되어 있다면 그러기 어렵겠지만, 아무리 가까운 관계라도 성장에 해를 끼친다면 정신적으로는 정리를 해놓는 것이 좋다. 그들과 함께할 때는 더 의식적으로 긍정적인 마음을 가져야 한다. 그들을 변화시키는 것보다 그들에게 영향을 받기가 더 쉽기 때문이다.

세 부류에 속한 사람들은 '내' 생각과 삶에 영향을 끼치고 '나'의 성장을 돕는다. 우리가 세계 10대 부호인 빌 게이츠와 워런 버핏과 매주 33퍼센트의 시간을 함께 보낸다면 어떨까? 적어도 사업과 투자에 대한 안목이 높아지지 않을까? 아마 부자가 될 확률도 더 높아질 것이다.

나는 지난 3년 동안 내가 누구를 만나는지 조금 더 의식적으로

선택했다. 세 부류의 사람들과의 만남에 정성을 쏟으면서 더 많은 성장을 할 수 있었다.

'스승'은 직접 만나면 좋지만 책과 강연을 통해서 충분히 만날 수 있다.

요즘은 그런 만남의 기회가 너무나 많아서 얼마나 감사한지 모른다. 물론 직접 만나는 것이 가장 좋은 것은 당연하다. GLDI에서 지난 10년간 일하면서 미국 주류 사회에서 영향력 있게 살고 계신 리더들을 가까이서 뵐 수 있었던 것은 정말 감사하다.

'동료'는 '나'와 같은 꿈을 꾸고 같은 비전을 추구하는 사람들이다.

분야가 다를지라도 세상에 선한 영향력을 끼치고자 하는 사람들이다. 나는 그런 사람들을 많이 만났다. 동료들은 서로가 서로에게 필요한 관계이기에 스승님들보다 만나기가 쉽고, 서로 공감대도 잘 형성된다. 나는 지난 3년간 그런 분들을 많이 만나 더 성장하게 되었다. 얼마나 감사한지 모른다.

'제자'들은 늘 내 주변에 있었다.

꼭 대단한 사람이 되어야만 누군가를 도울 수 있는 것은 아니다. 누구든지 지금의 상태에서 베풀 수 있다. 나는 스티븐 코비 박사의 책에서 배운 48시간이라는 개념을 적용해 열심히 베풀고 있다. 내가 얻은 것을 48시간 이내에 다른 사람과 공유하기 위해 애쓴다. 스승과 동료들을 통해 배운 것을 유튜브나 블로그에 올리는 행위도 공유하기 위한 것이다.

그리고 지금 이 글을 읽는 여러분과도 나는 공유하고 있다.

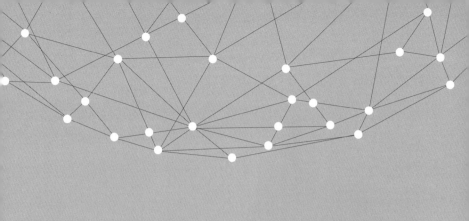

chapter 3

글로벌 리더의
글로벌한 가치관

자신감과 실력을 겸비하면 성공을 얻게 될 확률이 높다. 그런데 내가 본 리더들은 성공을 넘어 의미 있는 일에 이바지하기 원했다. 그것은 그들의 가치관이었다.

자신감과 실력을 다 갖춘 리더라 하더라도 가치관에 따라 그 능력을 사람을 죽이는 일에 쓸 수도 있고, 살리는 일에 쓸 수도 있다. 그 능력이 사람에게 유익을 줄 수도 있고, 큰 손해를 끼칠 수도 있다. 리더의 행동과 결정이 우리가 속한 사회 문화에 큰 영향을 줄 수 있다. 그렇게 형성된 문화로 한 나라의 흥망성쇠가 갈라지기도 한다.

진정한 리더는 다음 세대를 위한 미래를 준비하는 사람이다. 리더십 승계, 즉 자신보다 더 나은 사람들을 양성하는 사람이다. 다음 사람을 키움으로 세상에 이바지하는 것을 가치 있게 여기는 리더가 필요하다. 세상은 그런 가치관을 가진 리더를 원한다.

담배꽁초에서
배운 가치관

어렸을 때 아버지와 산책을 나서면 마냥 즐거웠다. 어린 나이에 무슨 생각이 있을까 싶지만, 아직 생생히 기억 남는 말씀이 있다. 공원에 마구 버려진 담배꽁초와 지저분한 공공화장실을 보면서 말씀하셨다.

"담배꽁초는 자신의 역할을 다한 것이다. 사람도 자신의 역할이 있다. 사람이 사람 구실을 하지 못하면 담배꽁초만도 못한 것이다. 소변통을 보렴. 소변통도 자기 구실을 다한 것이다. 옆에 저렇게 오줌이 튀어 있는 것 보이니? 저렇게 하고 가는 사람들은 소변통만도 못한 사람들이다."

유치원생 수준에 딱 맞는 기막힌 비유였다. 그래서인지 몰라도 나는 지금도 공공화장실, 특히 비행기 화장실을 사용하다가 혹시 소변이 묻으면 닦고 나온다. 이미 지저분한 상태였다면 다음 사람을 위해 깨끗하게 닦고 정리한다. 별것 아닌 일이지만 누군가가 나를 위해 그렇게 해줬다면 기분이 좋았을 것 같아서 그렇게 한다.

진정한 리더는 사람이 먼저다. 첫째도 사람 둘째도 사람이다. 사람을 귀하게 여긴다. 재능이 문제가 아니다. 사람을 재능보다 우선시 여기는 리더는 이 세상을 더 밝은 곳으로 만들어준다. 리더십의 권위자인 존 맥스웰은 리더의 가장 중요한 과제로 "사람의 가치를 키우는 일"을 꼽는다. 나는 2019년 가을 국내 최초로 코치인증과정을 이수하기 위해 플로리다에서 일주일간 교육을 받았다. 수많은 교육과정을 한 문장으로 요약하면 '사람들의 가치를 더하는 일'이라 할 수 있다. 누군가의 가치를 높이기 위해서는 그 사람 자체를 가치 있는 존재로 봐야 한다는 것을 배웠다.

어느 날, 액정이 다 깨진 나의 핸드폰을 바라보았다. 처음에는 흠집이라도 날까 봐 고급 보호 케이스를 끼우고 먼지만 앉아도 혹시 흠이 난 것인지 깜짝깜짝 놀라 호호 불거나 부드러운 수건으로 닦곤 했었는데, 이젠 존재감이 사라진 지 오래다. 혹시라도 내가 사람을 핸드폰처럼 그렇게 대하지는 않을까? 처음 만나는 사람, 성공한 사람, 내게 도움을 줄 수 있는 사람을 만날 때와 쉽게 볼 수 있는 가까운 지인들을 만날 때의 태도가 다르지는 않나?

사람을 목적을 위한 수단 혹 도구 정도로 취급하는 사람들이 있다. 20년 전 한국 고추 농사가 흉년일 때 고춧가루에 톱밥을 섞어 판매한 사람이 적발되었다. 가짜 쌀, 가짜 달걀, 석회 밀가루, 심지어 시멘트, 호두도 있다. 중국에서는 많은 아기가 죽고 수백 명의 아기가 기형증세를 보인 멜라민 분유 사건도 있다. 이 사건들의 뿌리에는 사람을 귀하게 여기지 않는 이기적인 가치관이 담겨 있다. 이 정도 아이디어를 실행할 사람이라면 대단한 재능과 창의성과 대담함을 가진 인물일 텐데, 그 능력을 사람을 죽이는 도구로 쓴 것이다. 분명히 자신과 가족은 그런 음식을 먹지 않았을 것이다. 나와 남을 다르지 않게 대했다면 이런 아이디어를 실행에 옮기지는 않았을 것이다.

사람이 소중한 이유는 우리가 존귀한 존재이고 서로를 그렇게 대하도록 창조됐기 때문이다. 그 마음이 있다면 사람을 살리는 일을 할 수 있다고 생각한다. 성경은 "네 이웃을 네 몸과 같이 사랑하라", "대접받기 원하는 대로 남을 대접하라", "남을 나보다 낫게 여기라" 고 가르친다. 종교를 떠나서 꼭 새겨야 할 가르침이다. 더구나 리더라면, 리더를 꿈꾸는 사람이라면 이런 마음을 가치관으로 삼아야 한다. 그런 사람이 진정한 리더로 성공할 것이다.

나 자신을 사랑하는 일도 중요하다. 자기가 최고라는 자아도취식 나르시시즘에 빠지라는 의미가 아니다. 자신의 장단점을 이해하고 용납하면서 격려하는 태도를 가지라는 뜻이다. 열등감에 빠지지 말라는 소리다. 자신을 수용하는 마음은 다른 사람을 수용하는 마음에 반영된다. 자신에게 지나치게 엄격하면 다른 사람에게 관대하기가 어렵다. 또한 열등감에 가득한 사람도 다른 사람을 귀하게 여기지 못한다. 그들을 진심으로 돕지도 못하고, 그들의 성공을 응원하거나 기뻐하지도 못한다. 자신을 알고 자신을 있는 그대로 사랑하는 것은 리더의 길로 가는 첫걸음이다.

내 앞에 있는 한 사람을 귀하게 여기자. 그런 마음, 태도, 관점, 가치관을 가졌다면 행동으로 드러나게 되고, 그 행동에 상대방은 이해받고, 사랑받고, 존중받는다고 느낀다. 사람들은 자신이 이해받고 있고 사랑받고 있다고 느낄 때 그 리더를 신뢰한다. 그의 말에 귀 기울인다. 마음을 열고 진정으로 따른다. 기꺼이 그 리더와 함께하려고 한다.

멘토이신 김춘근 교수님을 모실 때 일이다. 미국 한국 출장 일정이 있으실 때면 수행비서 역할을 하기도 했다. 존경하는 분을 가까이서 모실 때는 책에서 배울 수 없는 것을 깨닫곤 한다. 얼마나 감사했는지 모른다. 출장 때, 나는 김춘근 교수님과 사역을 한다. 수행비서는 아니지만, 가끔 출장이 있을 때나 사회적으로 굉장히 높은 분들을 만날 때 나를 동행한다. 중요한 자리에 내가 껴 있으니 그분들이 오히려 어색해할 때가 있지만 김 교수님은 늘 이렇게 말씀한다.

"아빠에게는 좀 미안하지만, 윤스키는 제 둘째 아들입니다. 허허허."

나보다 나를 더 믿어주시기에 내가 어쩔 줄 모를 때가 많다.

언젠가 온라인 참여자를 포함해 40만 명이 참여하는 콘퍼런스에서 김춘근 교수님이 이틀간 말씀을 전한 적이 있다. 매년 수많은 강사분이 참여하고 전 세계에서 대단한 분들이 온다. 강사로 온 분들을 에스코트하던 분이 내게 이런 말을 했다.

"몇 년 동안 많은 강사님을 모셔봤지만, 자신의 수행비서를 주최 측 대표님과의 식사자리에 데려온 경우는 처음입니다. 게다가 몇 분동안 비서를 소개하는 것도 들어본 적이 없어요."

사람을 귀하게 여기는 김춘근 교수님의 리더십을 한 번 더 진하게 느낄 수 있었다.

최근 이은대 작가님을 만나 그분의 매력에 푹 빠졌다. 작가님은 자신의 허물을 아낌없이 만천하에 드러낸다. 자신은 낭떠러지에 떨어져 손톱 발톱이 다 빠질 지경이었지만 삶을 포기하지 않았고, 자신과 비슷한 처지에 있는 사람들도 포기하지 않았으면 하는 마음에 강의를 시작하셨단다. 내가 이은대 작가님을 닮고 싶은 이유는 그분의 '글을 쓰는 이유' 때문이다. 그분이 글을 쓰는 이유는 첫째도 사람이고, 둘째도 사람이다. 그렇다. 사람은 수단이 아니라 목적이다. 사람을 위한 행동. 그것이 리더가 가진 가장 중요한 가치관이라 생각한다.

테레사 수녀님의 위대한 리더십을 되새기며 콜카타 사랑의 수녀원 벽에 붙어 있던 시를 소개한다.

그래도 사랑하라

사람들은 불합리하고 비논리적이고 자기중심적이다

그래도 사랑하라

당신이 선한 일을 하면 이기적인 동기에서 하는 것이라고 비난

받을지도 모른다

그래도 좋은 일을 하라

당신이 성실하면 거짓된 친구들과 참된 적을 만날 것이다

그래도 사랑하라

당신이 정직하고 솔직하면 상처받을 것이다

그래도 정직하고 솔직하라

당신이 여러 해 동안 만든 것이 하룻밤에 무너질지도 모른다

그래도 만들어라

사람들은 도움이 필요하면서도 도와주면 공격할지 모른다

그래도 도와주어라

세상에서 가장 좋은 것을 주면 당신은 발길로 차일 것이다

그래도 가진 것 중에서 가장 좋은 것을 나누어 주어라

켄트 키스

(많은 사람들이 테레사 수녀의 시로 알고 있는데 실제 작가는 켄트 키스라는 사람이다. 《그래도》라는 책에 언급된다.)

인생을 송두리째
바꿀 수 있는 사람

나는 두 살 차이인 형과 같은 초등학교와 중학교에 다녔다. 엄마는 학부모 모임 때문에 학교에 가면, 형 담임선생님과 나의 담임선생님을 한 번에 만나고 오셨다. 그런 날이면 나는 어김없이 일찍 집에 와 책상을 정리하고, 온순하고 착한 아들로 변해 있었다.

엄마는 형 반에 가면 선생님에게 착실하고 모범적인 형에 대해 칭찬을 듣고 어깨가 으쓱해졌다. 그런데 우리 반에 가면 선생님 앞에서 '죄인 모드'로 돌변해야 했다. 나의 선생님들은 대부분 패턴이 똑같았다. 사교성이 좋고, 밝고 활발하다는 칭찬으로 시작했다가 결론은 이렇게 흘렀다.

"윤재가 조금만 더 하면 중간 정도에서 성적이 많이 올라갈 것 같은데……."

매번 똑같은 말을 듣기만 하던 엄마는 어느 날 선생님에게 이렇게 한 방을 날렸다.

"우리 윤재가 노력을 안 하는 것은 아닌데, 성적이 안 나오는 걸 보니 공부 쪽으로는 뛰어나지 않은 것 같아요. 하지만 아이들과 잘 놀고 교우관계가 좋으면 저희는 바랄 게 없답니다. 무엇보다 아이가 성적 때문에 스트레스를 안 받았으면 좋겠어요!"

부모가 자녀에 대해서 이런 말을 한다는 것은 크게 두 가지 의미로 해석할 수 있다. 첫째, 아이에 대한 수많은 노력 끝에 완전히 포기한 부모의 푸념이다. 둘째, 아이가 재능과 잠재력을 꽃 피우는 데 시간이 걸릴 수 있고, 그것이 꼭 성적으로 나타나지는 않는다는 믿음에서다. 우리 엄마는 고맙게도 후자였다. 엄마를 통해 들은 그 한마디가 내 귀에는 이렇게 들렸다.

"선생님, 저는 우리 아들을 믿어요. 선생님의 방식대로 하지 마세요."

엄마의 믿음과 인내, 그리고 아들의 방패가 되어주겠다는 약속으로 들렸다.

스승의 날이면 어김없이 두 분의 선생님이 떠오른다. 그런데 찾아 뵙고 싶은 선생님은 한 분뿐이다. 그 선생님이 어떤 분인지 이어지는 글을 읽어 보면 누구나 알 수 있을 것이다.

첫 번째로 소개할 선생님은 당시 가원초등학교 5학년 2반 강*주

담임선생님이다. 얼굴빛이 늘 불그스름했는데, 듣기로는 알코올 중독이었던 것 같다. 그날은 시험을 보는 날이었다. 내 짝은 김*방이라는 공부 잘하던 친구였는데, 책상 가운데 가림막을 놓고 같이 시험을 치렀다. 나는 시험에 특별히 관심도 없어 시험 중에 잠깐 멍하니 딴생각을 했다. 그러다 복도에서 소리가 나서 자연스럽게 그쪽으로 고개를 돌렸다. 그 순간 짝지가 이렇게 말했다.

"선생님, 얘 커닝해요"

나는 맹세코 커닝하지 않았지만, 문제는 짝은 공부를 잘하는 애고 나는 천방지축 말썽꾸러기였다는 것이다.

"이 새끼가!"

선생님은 저벅저벅 걸어오더니 순식간에 내 뺨을 후려쳤다.

"저 커닝 안······."

"이 새끼가!"

순식간에 양쪽 뺨이 뜨끈뜨끈 호빵처럼 부어올랐다. 선명한 손바닥 자국이 만져졌다. 창피해 울지도 못했다. 지금은 말도 안 되는 일이지만 내가 자랄 때만 해도 체벌은 아무런 문제가 없었다. 오히려 "감사합니다"라고 말하고 앉아야 했다.

집에 돌아온 나는 혹시라도 부모님에게 들킬까 봐 몇 번이고 물로 씻고 거울을 봤다. '나는 커서 절대 그러지 말아야지'라고만 생각했다.

다른 한 분은 중학교 3학년 담임 김연섭 선생님이다. 어머니에게 우리 아들 스트레스 주지 말라는 항의(?)를 받았던 바로 그분이다. 늘 재미있게 학생들과 장난도 치던 영어 선생님인데, "네 이놈, 쪼금만 하면 되는 놈이 말이야"라고 하며 늘 나에게 열심히 해보라고 응원해주었다. 그러던 어느 날 시험에서 처음으로 80점을 맞았다. 96점, 100점이 수두룩한데 선생님은 내 80점짜리 시험지를 손에 들고 반 아이들 전체에게 이렇게 말했다.

"이거 봐라, 하니깐 되잖아."

학교에서 공부로 칭찬받은 것은 난생처음이었다. 평생 잊을 수 없는 순간이라 지금도 생생하게 기억난다.

중학교를 졸업한 뒤 러시아로 유학을 떠나고 나서 선생님을 찾아뵙고 싶어 각 도 교육청에서 제공하는 '스승 찾기' 신청을 했다. 그때 이미 5개 국어를 어느 정도 구사할 수 있는 상태였기에 "선생님, 제가 선생님보다 영어 더 잘합니다"라며 농담도 하고 큰절도 올리고 싶었지만 결국 그러지 못했다. 내가 기억하기로 2005년경에 소천하신 것으로 전달받았다. 2007년경에 인사드리려고 했는데⋯⋯ 조금 더 준비되면 멋진 모습으로 뵙고 싶은 마음에 미루었던 것이 후회되었다. 제자놈이 좀 더 멋있는 모습으로 인사드리겠다고 늑장 부리다 은사님에게 감사 말씀도 못 올리게 된 것이다. 선생님은 멀리서도 여전히 나를 믿어주실 거로 생각하며 매년 스승의 날에 하늘을 보며 인사를 드린다.

서울의 한 호텔 이사로 근무하는 친구 여동생과 이야기를 나누다 고마운 스승님 이야기가 나온 적이 있었다. 여동생도 나와 비슷한 일이 있었다고 했다. 중2 때 하프를 하기로 하고 서울 예고를 거쳐 연세대에 갈 계획을 세우고 있었다고 했다. 실기뿐 아니라 필기 성적도 중요했는데, 공부엔 전혀 관심이 없었다고 했다. 그런데 중3 담임이 자기를 반 전체 앞에서 칭찬해주고 그 후 계속 깜지 써오라고 격려해준 덕분에 성적도 오르고 원하는 학교도 진학할 수 있었다는 것이다. 알고 봤더니, 같은 선생님이었다. 기막힌 우연이었다.

부모와 선생님은 아이의 미래를 빚는 엄청난 일을 하는 사람이다. 말 한마디로 한 사람의 인생을 송두리째 바꿀 수 있다. 아이에게 믿음을 가지는 부모와 선생님은 절대 아이에게 배신당하지 않는다. 아이가 그것을 증명한다. 누구나 부모와 선생님이 되지는 않더라도 그와 같은 역할은 얼마든지 할 수 있다. 그래서 가치관이 중요하다. 바른 가치관이 바른 언어를 만들고, 그 언어가 한 사람의 인생을 살린다.

이웃을 향한 가치를
추구하는 리더

사람을 향한 가치와 이웃을 향한 가치는 어떤 면에서는 흡사하다. 그런데도 이렇게 구분한 이유는 이웃의 필요를 채우는 것에 대해 다루고 싶었기 때문이다. 물론 기본적으로 사람을 귀하게 여기는, 즉 사람을 향한 가치를 간직한 사람이 이웃을 향한 가치도 가질 수 있을 것이다. 사람을 귀하게 여기지 않는 사람이라면 이웃의 필요에 관심조차 없을 테니 말이다.

하나님이 주신 축복이라 느껴지는 만남이 있다. 필리핀 장관까지 지내고, 가난한 이들을 돕는 단체인 CCT(Center for Community Transformation)를 창립하고 이끌어온 멋진 여성 지도자 아떼 루스 칼란타(Ate Ruth Callanta) 대표이다.

방글라데시의 무함마드 유누스가 방글라데시에 설립한 그라민 은행(Grameen Bank)은 한 번쯤 들어봤을 것이다. 그는 150달러 미만의 돈을 담보와 신원보증 없이, 하위 25%의 사람에게만 대출해 주는 "그라민 은행 프로젝트(Grameen Bank Project)"를 성공적으로 진행하고 노벨평화상을 수상하게 된다. 돈을 갚지 않아도 법적 책임을 묻지 않는 조건임에도 연평균 90%가 넘는 상환율을 보이면서 빈곤 퇴치의 대안으로 주목을 받았다.

유엔계발계획(UNDP)은 다른 개발도상국에서도 "그라민 방식(Grameen Methodology)"으로 빈곤 퇴치에 동참할 기관들을 지원하는 프로젝트를 진행했고 CCT도 32개국에서 참여한 기관 중 하나이다. 그라민 은행의 소액신용대출 방식과 기독교 신앙을 함께 전파하는 독특한 시스템을 가진 CCT를 보고, 많은 전문가들이 실패를 예측했으나 결과는 정반대였다. 계획보다 2년 앞서 10만 명의 고객을 확보하고 연간 회수율 98.5% 회수율로 전체 참여국 중 최고 성과를 달성했다. 필리핀 수백만 명이 자립하고 성장할 수 있도록 가난의 근본적 원인을 해결하는 이분의 삶의 여정을 담자면 책 열 권을 써도 모자라다.

아떼 루스 칼란타 대표에게 직접 들은 이야기다. 그분은 마닐라 사무실을 가려면 입구 앞에 있는 노숙자들을 비껴가든 넘어가든 해야 했는데, 매일 그들을 지나치는 것이 너무 마음에 걸렸다고 했다. 하지만 당장 무언가를 할 수 있는 형편이 아니었다. 더 큰 문제는 그들의 가난은 단순히 거주지나 돈의 부재가 아니었기 때문에 단기적인 도움 외에 근본적인 해결책이 없었다는 것이다. 그러나 마음의 부담감에 그들을 위해 기도하면서 일단 음식을 공급하기로 했다. 물론 CCT 이사진들은 반대했지만, 식사 공급은 아떼 루스 대표가 그린 큰 그림의 일부였을 뿐이었다. 대표는 식사를 시작으로 여성에게는 손기술을 가르치고 남성에게는 건축기술을 가르쳤다.

2014년 봄, 한 달간 방문했을 당시에는 이미 노숙자들이 운영하는 건축회사가 세워져 있었다. 이 건축회사의 일꾼들이 태풍이 많은 필리핀에서 마을재건이 필요할 때 중대한 역할을 했다. 여성들은 주로 가내수공업을 했다. 사탕을 담은 손수레를 끌고 다니며 '작은 가게'를 운영하기도 했다. 아떼 루스 대표는 신분증도 없는 이들의 신분 문제를 해결하고, 의료보험 혜택도 받게 돕고, 저축하는 습관까지 가르쳐서 이들의 의식을 바꾸어놓았다.

내가 눈물 날 정도로 감동했던 것은 어린이 기숙학교를 방문했을 때다. 당시 독일, 미국의 봉사자들과 현지 선생님들이 아이들을 지도하고 있었다. 노숙자의 자녀들만 올 수 있는 기숙학교라고 했다. 홍콩에서 건너온 건축과 교수님이 학교 건물의 퀄리티가 높다고 말씀하시는데, 알고 보니 노숙자분들의 손으로 지은 학교였다. 아떼 루스는 이웃의 일시적인 필요를 넘어 근본적인 문제의 대안을 제시한, 이웃 사랑을 실천한 진정한 리더였다.

2012년 차인표 씨가 출연한 〈힐링캠프〉라는 프로그램을 시청했다. 자신을 드러내기 위해 어른들에게 용돈을 드렸던 자신이 부끄럽다는 이야기, 어린이 양육단체 '컴패션'을 통해 수많은 아이를 진심으로 사랑하고 돕게 되었다는 이야기 등이 감동을 불러일으켰다. 자신의 멘토 김정하 목사에 비하면 본인은 아무것도 아니라고 이야기하는 겸손한 태도도 감동적이었다.

성남에서 작은 교회를 개척한 김정하 목사는 재정이 빡빡한 상황에서 구두를 닦아 7명의 어린이를 후원하기 시작했다. 그런데 1년이 지난 뒤 몸의 근육이 마비되는 루게릭병에 걸린 것을 알게 되었다고 했다. 방송에 함께 출연한 김정하 목사의 말은 루게릭병 탓에 알아듣기 힘든 상태였다. 차인표 씨는 눈물을 글썽이며 이런 말을 했다.

"나는 다 가졌으니 아이들도 돕습니다. 그런데 이분은 가진 게 뭐가 있습니까? 아이들 돕겠다고 구두까지 닦으며 후원했는데 이젠 몹쓸 병까지 걸린 분입니다. 가진 거라곤 진짜 사랑밖에 없습니다."

이어진 김정하 목사의 한마디는 커다란 울림을 주었다.

"내가 만약 죽어서 결연된 아이들이 살 수 있다면 열 번이라도 죽겠습니다."

나는 2019년에 어린이 양육단체 컴패션 과테말라 비전트립에 참여했다. 아프리카처럼 아주 열악한 환경에 있는 아이들도 있지만 그나마 과테말라가 조금 나았다. 스페인어를 배워서 아이들과의 소통

에는 큰 어려움이 없었다. 후원받고 성장해 사회활동을 하는 청년들도 만났는데, 청년들은 자신들이 십여 년간 후원을 받으면서 선진국 사람들은 여유가 있으니 우리를 돕는 것이라고 늘 생각했다고 한다. 그런데 김정하 목사님의 영상을 보게 되었고, 목사님이 자신들보다 더 어려운 환경에서 후원 활동을 하고 있다는 것을 알게 되면서 마음이 무너지는 듯했다고 말했다. 부끄러웠다고도 했다. 자신들이 얼마나 귀한 사랑을 받았는지 알게 되었고, 그 사랑이 헛되지 않도록 더 가치 있게 이웃을 섬기겠다고 약속했다.

과테말라에서 지내면서 김정하 목사의 말이 생각났다.

"부자도 나누지 못하면 거지고, 가난한 자도 나누면 부자입니다."

없는 가운데 아이들을 사랑하고 후원했던 김정하 목사의 삶이 후원받는 아이들에게 새로운 꿈과 희망을 주었음을 느낄 수 있었다. 나 역시 지금 세 명의 아이를 후원하고 있지만, 정말 비교할 바가 못 된다. 풍성한 가운데 주는 것도 귀하지만, 없는 가운데에서도 베푸는 김정하 목사 같은 분들이 있어서 아직도 세상이 아름다울 수 있다는 생각이 들었다.

성공의 기준은 무엇일까? 리더는 어떻게 정의할 수 있는가? 김정하 목사는 교회 사이즈 관점으로 보면 실패한 목사라고 말하는 이들이 있을지도 모르겠다. 교회 성도가 많지 않으니 누군가는 그가 성공한 목사, 리더가 아니라고 생각할 수도 있다. 하지만 내 생각은 다르다. 김정하 목사의 사례는 많은 이들에게 감동과 도전을 주고 선한 영향력을 끼쳤다. 챔피언은 링에서 만들어지는 것이 아니라는 말도 있지 않은가. 김정하 목사는 그 누구보다 가치 있는 삶을 산, 진정한 목사이자 리더다. 눈에 보이는 가시적 성과를 이루어내야만 성공한 리더가 되는 것은 아니다.

독서광이자 세계 최고의 투자자인 워런 버핏은 자신이 읽은 책 중 멜린다 게이츠의 책이 최고라고 했다. 멜린다 게이츠는 세계 최고 부호인 빌 게이츠를 남편으로 둔 여인이다. 그런데 부자들의 여느 아내들처럼 주어진 어마어마한 자원과 재능을 자신만을 위해 사용하지 않았다. 멜린다는 개인 혹은 국가로서도 할 수 없는 어마어마한 일을 하며 지구상의 문제를 해결하는 데 앞장서고 있다. 그녀는 단순히 기부행위만 하지 않고, 빈곤 국가를 몸소 다니며 그곳의 빈민, 전염병 환자, 매춘부 등을 위로한다. 위로가 필요한 그들을 이웃으로 여기는 그녀는 진정한 리더이다.

문화를 향한
가치를 추구하는 삶

———
———
———
———

제임스 딘이 말보로 담배를 물고 있는 모습이 너무 멋져 수많은 남자들이 너도나도 담배를 입에 물기 시작했다. 담배회사의 광고효과일 수 있지만, 한 사람이 문화 전체에 줄 수 있는 영향은 이렇게 크다.

나는 2020년 1월 22일에 워싱턴 DC에서 열린 March for Life 행사에 참여했다. March for Life는 생명을 위한 행진이라는 의미를 가진 낙태반대운동이다. 1973년 로 대 웨이드(Roe vs. Wade) 재판으로 미국에서 낙태가 합법화된 다음 해부터 이어진 운동인데, 낙태를 지지하는 이들은 여성들의 선택권을 지지한다며 '선택지지(Pro-Choice)' 슬로건을 내세우고, 낙태를 반대하는 이들은 태아의 생명을 지지하는 의미에서 '생명지지(Pro-Life)' 슬로건을 외친다. 낙태반대자들은 1973년 낙태 합법화 이후 미국에서 생명을 잃은 아이가 5천 7백만 명에 달한다고 한다. 낙태 지지자들은 무조건 아이를 낳았을 경우 야기될 수 있는 수많은 문제들을 예방했다고도 주장한다. 옳고 그름을 떠나 국가적으로 내려진 결정 하나는 국가의 문화에 영향을 끼친다.

〈아름다운 세상을 위하여(Pay it forward)〉라는 영화가 있다. 일단 영어 제목을 보자. 나에게 도움을 준 이에게 받은 것을 돌려줄 때 페이백(Pay back)이라는 표현을 쓴다. 영화 제목은 페이백(Back)이 아니라 페이 포워드(Forward)이다. Forward는 Back의 반대말로 '앞으로'라는 의미를 가진다. 즉 Pay forward는 도움 준 사람에게 갚지 말고 다른 누군가에게 그런 도움을 베풀라는 의미로 해석할 수 있다.

초등학교 사회과목 방학 숙제로 세상을 바꿀 수 있는 아이디어를 내라고 했는데, 학생 하나가 자신의 아이디어를 실천했고, 그것이 사회 운동이 되는 줄거리다. 그 학생이 펼친 운동은 주변에 도움이 절실히 필요한 사람 세 명에게 아무 대가도 받지 말고 도움을 주자는 운동이다. 도움을 받은 사람은 이어서 다른 세 명에게 도움을 똑같이 돌려주자는 것이다. 그러면 도움이 사회 구석구석으로 번지게 된다. 어린아이의 창조적인 생각과 용기 있는 실행력에 많은 사람이 움직였고, 세상은 더 아름다워지는 내용이다. 누구나 한 번쯤은 봤을 아이스 버킷 운동도 그 영화 주인공의 아이디어에 영향을 받았다고 한다. 실제로 실리콘벨리에서 성공한 사업가들이 후배들에게 조언해주는 내리사랑 문화(Pay it forward Culture)가 만들어졌다고 해서 놀랐다.

한국에서도 영화 같은 일을 실천하려고 달려든 사람이 있다. 올해로 창립 7년을 맞은 글로벌 소셜라이프 플랫폼 "허그인"의 신성국 대표이다. 허그인은 세상을 아름답게 변화시키는 활동을 재밌고 힙하게 즐기는 라이프스타일을 제안하는 사회혁신기업이다. 이미 기부천사로 알려진 분들이 모인 자리에서 허그인의 역할을 의아해하던 사람에게 신성국 대표가 해주었다는 말이 나는 지금도 기억에 남는다. "엄마의 역할은 자녀들에게 사랑을 주는 것이죠. 다만 엄마도 가끔은 격려가 필요합니다. 많은 이들을 돕는 여러분들도 격려가 필요할 때 허그인이 그 역할을 하기 위해 있는 것입니다."

처음에 그의 발상은 현실적인 면에서 큰 지지를 받지 못했다. 심지어 터무니없다고 비웃는 사람들도 있었다. 하지만 자신의 신조대로 일단 실천했더니 함께하기를 원하는 사람이 많아졌다고 했다. 이 운동의 첫 시작인 시즌1(2013~2018)은 홍대에 위치한 허그인 카페에서 서울을 중심으로 펼쳐졌다. 2015년경에 내가 방문했을 때 나는 누군가가 미리 지불한 커피를 마실 수 있었다.

현재 허그인 시즌2 (2020~)는 카페가 아닌 전 세계 체인지 메이커들을 연결하는 "허그인앱"과 함께 전국, 전 세계로 확장되고 있다. 영화로부터 시작된 발상이 이제 더 많은 이들이 선한 영향력을 끼칠수 있는 좋은 문화를 만들어 가는 것이 느껴져 감사하다.

흑인 야구선수 젝키 로빈슨의 이야기도 나누고 싶다. 최초의 흑인 야구선수는 아니었지만, 미국에서 흑인 운동선수들이 메이저 무대에 참여할 수 있는 문을 열어준 사람으로 알려져 있다.

젝키 로빈슨의 사례는 자신의 사명과 책임의식을 통해 문화에 영향을 준 사례다. 당시 미국은 인종차별이 아주 심했다. 젝키 로빈슨은 야구 실력이 뛰어나 '메이저리그' 선수로 뛰게 되었지만, 관중은 그를 응원하지 않았다. 의기소침한 그에게 구단주는 《예수의 삶》이라는 책을 선물한다. 젝키 로빈슨은 그 책을 읽고 자신의 사명을 발견하게 된다. 이후 그는 관중들의 야유뿐 아니라 온갖 협박과 물리적인 공격에도 아랑곳하지 않았다. 묵묵히 자기 자리를 지키며 게임에 집중했다. 젝키는 자신을 위해서가 아니라 자신과 똑같은 처지에서 꿈을 포기할지 모를 흑인 전체를 위해 경기에 임했던 것이다. 그결과 프로농구, 프로미식축구 등 미국의 인기 스포츠 무대에서 수많은 흑인들이 아무 어려움 없이 뛸 수 있게 되었다.

젝키 로빈슨이 자기 일에 최선을 다하며 걸어온 삶의 결과는 정

말 거대했다. 세상에 끼친 영향은 지대했다. 한국 사회에 젝키 로빈
슨 같은 사명의식을 가지고 하루하루를 사는 사람이 많아진다면 우
리의 사회와 문화는 어떻게 달라져 있을까?

이번엔 넥스트점프(Next Jump)라는 회사를 소개한다. 넥스트점프
는 미국 뉴욕에 본사를 두고 런던, 보스턴, 샌프란시스코에 지사를
둔, 직원 200명 정도의 IT 벤처기업이다. 포춘 선정 1,000대 기업 중
700개 이상을 포함해 10만 개 이상의 기업 직원들을 위한 온라인 종
합 쇼핑몰을 운영하며, 2조 원이 넘는 연매출(2016년 기준)을 달성한
탄탄한 혁신기업이다. 나는 이 회사를 3번 방문했고, 넥스트점프의
독특한 기업문화를 배워 GLDI 리더십 훈련에도 접목시켰다.

대표는 옥수수 박사 김순권 씨의 장남 찰리 킴이다. 찰리 킴은 아
프리카 나이지리아에서 자라며 옥수수로 지구의 가난을 해결하려는
아버지를 보며 자랐다. 아버지가 노벨상 후보로 여러 차례 선정되었
지만 결국 수상하지는 못했다. 찰리 킴은 아버지를 도와 그런 가치
있는 일에 참여할 마음도 있었지만, 이제는 자신이 대학교 때 시작한
사업을 통해 세상을 바꾸고자 한다.

넥스트점프에는 "Better Me + Better You = Better Us"라는 슬
로건이 있다. "내가 성장하고 당신도 성장하면 우리가 함께 성장하
는 세상이 된다"는 간단 명료하고 임팩트 있는 비전이다. '내'가 성
장하려는 목적은 다른 사람이 성장할 수 있도록 돕기 위한 것이며,

그것을 지속할 때 우리의 세상은 더 나아질 거라는 믿음이다. 그래서 이 회사의 모든 업무와 활동은 자신을 개선하고 성장시키며, 개선과 성장을 필요로 하는 이들에게 베푸는 것이다.

2016년 하버드출판사에서 올해의 책으로 선정한 《An Everyone Culture》는 직원 모두가 성장할 수 있는 문화를 만들 때 기업은 가장 이상적으로 발전한다는 의미에서 지은 제목이다. 하버드 대학 교수진은 전 세계 기업 중에 기업문화를 가장 잘 갖춘 회사를 선정하기 위해 3년간 연구에 몰두했고, 그 결과 3개의 회사를 선정했다. 그 중 하나가 바로 넥스트점프이다.

500:1의 경쟁을 뚫고 채용된 직원들은 넥스트 점프에서 일하면 신체적으로 건강해지지 않는 것이 더 어렵다는 것을 경험한다. 사내 리더십개발 문화도 탁월해 직원들은 전문성과 인격을 계속해서 성장시키게 된다. 찰리 회장은 직원 무해고 정책(No-Firing Policy)을 도입해 직원들이 실수를 두려워하지 않고 새로운 것을 시도하고 도전할 수 있는 건강한 문화를 만들었다.

넥스트점프는 직원들의 건강부터 직원들이 사회에 이바지함으로 의미를 찾을 수 있도록 도와주는 기업문화를 창조했다. 이 기업문화가 주목을 받아 수많은 공기업, 사기업에서 벤치마킹했으며, 미국 해군, 공군에서도 적극적으로 도입하고 있다. 그리고 이런 건강한 기업문화를 전파하기 위해 찰리 회장은 회사 수익의 절반을 사용한다고 한다.

넥스트점프의 직원들이 어떤 일을 하는지 한 가지 예를 살펴보겠다. 이 회사의 억대 연봉 엔지니어들은 2주간 자신들이 돕고 싶은 비영리 단체에 가서 재능기부를 한다. 물론 회사가 이 기부 활동을 지원한다. 엔지니어들은 월급, 즉 대가를 받고 일하지만 의미 있는 곳에서 의미 있는 일을 한다는 생각에 한 걸음 더 성장한다. 이들의 재능기부를 받은 사람들 또한 성장한다.

자신과 타인의 성장을 지켜본 넥스트점프의 엔지니어들은 좀처럼 이직을 하지 않는다. 마이크로소프트나 구글 같은 곳에서 연봉을 2~3배씩 제안해도 그냥 눌러앉는다. 지난 10년 동안의 이직률이 거의 제로에 가깝다는 것은 전 세계적으로 이직률이 아주 높은 IT 엔지니어들 사이에서 전설적인 일이다. 넥스트점프의 직원들은 회사가 자신이 성장하고 의미 있는 일을 하는 가장 행복한 공간이라고 한다. 회사가 회사에만 헌신을 요구하는 것이 아니라 직원들의 재능을 가치 있게 쓰도록 도운 덕분이다. 이러한 넥스트점프의 문화는 포춘 1,000대 기업에 전파되며 사회적인 운동으로 일어날 조짐을 보이고 있다.

취업을 할 때 돈을 벌어 세상에 이바지하겠다는 마음을 가지는 사람들이 많이 있다. 그런데 이런 포부를 가진 사람들이 실제로 취업하고 나서는 업무에 바빠 남을 돕고자 했던 마음을 상실하는 경우가 적지 않다. 넥스트점프의 대표는 이런 현상들을 보면서 안타까웠다고 한다. 그 안타까움에 넥스트점프의 기업문화를 지금과 같이 만들었다고 한다.

물론 꼭 사회적 운동을 해야만 문화를 향한 가치가 빛을 발하는 것은 아니다. 미디어 업계처럼 많은 사람에게 바로 영향을 끼칠 수 있는 그런 위치에 자리하고 있어야만 하는 것도 아니다. 학생이든, 주부든, 직장인이든, 본인이 선택하는 행동이 본인이 속한 자리의 울타리를 넘어 사회적으로 영향을 미칠 수 있다는 것을 기억하고 성실하게 임하면 된다. 그 성실한 행동이 자신이 속한 곳의 문화가 되고, 나아가 사회의 문화가 된다.

렘브란트 그림에 열정을 쏟은
가이드의 리더십

2006년 5월 19일, 러시아에서 처음으로《성공하는 사람들의 7가지 습관》돛대클래스를 개최한 회사는 MTI라고 하는 러시아 컨설팅 회사이다. 프랭클린코비사의 러시아 파트너가 된 MTI는 한국리더십센터처럼 여러 교육컨설팅 회사들과 파트너십 제휴를 맺고 그 교육 내용을 가르쳤다.

MTI가 하는 일은 내가 가장 하고 싶은 일이기도 했다. 그래서 MTI의 문을 두드리기로 마음먹었다. 그 전에는 러시아 회사에서 인턴도 제대로 해본 적이 없었다. 이력서도 작성해본 적이 없었기에 모든 것이 생소했다. 솔직히 겁이 났지만, 일단 MTI라는 회사를 연구하기 시작했다. 회사의 비전과 하는 일, 교육 프로그램, 원하는 인재상이 어떤지 연구했는데, 쉽지가 않았다. 내부 직원의 도움을 받으면 조금 더 수월할 것 같다는 생각이 들었다. 마침 일식 체인 직원들을 대상으로 기업문화에 대해 교육할 때였다. 그래서 그 회사의 허락을 받고 상트페테르부르크 일식 체인에서 MTI에 컨설팅을 의뢰하는 식으로 연락을 취했다. 채용 면접을 원하는 학생의 처지가 아닌 잠재고객의 관점에서 연락한 것이었다. 준비한 간접적인 질문들에 대해서 하나씩 알아보고 실제 회사 탐방 스케줄까지 잡았다. 이미 직원과 친해진 상태로 5월 18일에는 회사도 방문했다. 잠재고객의 회사 방문이라 그런지 아주 자세히 회사에 대해 알 수가 있었다. 아주 기분 좋게 회사 대표까지 만나게 되었다.

5월 19일, 행사 당일 첫 강의 시간 후 쉬는 시간에 스티븐 코비 박사님과 오랜만에 인사를 나눴다. 쉬는 시간 후 박사님은 이곳에 자신의 과테말라 친구가 와 있노라며 나를 대중에게 소개했다. 어제 만난 MTI 직원들과도 인사를 나눴는데 다들 너무 궁금해했다. 분명 나는 한국 사람인데 러시아 말을 유창하게 구사하고, 스티븐 코비 박사님의 지인에다 과테말라에서 온 친구라고 하니 어리둥절한 표정들이었다.

나는 신비주의 콘셉트로 하루 모든 교육을 마치고, 그날의 감동을 간직하기 위해 강의장에 남아 혼자만의 시간을 잠깐 가졌다. 그런데 교육장 바깥 로비에서 MTI 임직원들이 회의하는 모습을 발견했다. 행사 디브리핑을 하는 것 같았다. 이왕 그렇게 된 것 인사나 하고 가려고 남아 기다렸다. 디브리핑이 어느 정도 진행된 것 같았는데, 대표가 나를 불렀다. 다들 궁금한 것들이 많아 보였다. 가벼운 인사와 함께 오늘 행사에 대한 의견을 물어봐서 개인적인 피드백을 나눴다. 그리고 결국 임원 한 명이 나에게 물었다.

"어떻게 스티븐 코비 박사님과 친구 사이가 되셨나요?"

"작년에 과테말라에서 박사님을 만났습니다."

과테말라에서 박사님을 만났던 이야기를 들려주자 대표는 다시 물었다.

"왜 이런 일을 하고 싶은 것입니까?"

"당신과 같은 이유입니다. 코비 박사님은 저에게 영감을 주셨고, 그것은 제 삶에 큰 영향을 미쳤습니다. 저 역시 다른 사람들에게 그 것을 나누고 싶습니다."

그리고 한마디 덧붙였다.

"그리고, 사실 제가 러시아 프랭클린코비 지사장이 되겠노라고 말씀드렸습니다."

순간 임직원들과 그곳에 있던 모든 사람이 조용해졌다. 어떤 표 정도 읽을 수 없었기에 나는 괜한 말을 했나 후회했다.

'망했다. 왜 굳이 이 말을 했을까?'

도대체 이 상황을 어떻게 수습할까? 머리에 피가 마르게 고민하 는 찰나 대표가 입을 열었다.

"그게 당신의 비전이라면, 그것은 우리를 통해서만 이룰 수 있습니다."

순간 무슨 말인지 전혀 이해되지 않았다. 다른 임원들이 동의의 뜻을 비치고, 그 자리에서 만장일치로 파트너 제안을 받으면서 비로소 이해가 되었다. 어떻게 하면 대학을 졸업하고 채용될 수 있을까를 고민했던 것이 어제인데, 하루 만에 그 회사에서 먼저 러브 콜을 날린 것이었다. 생각지도 못한 엄청난 일이 일어난 것이었다. 하지만 나는 그 자리에서 결정하지 못했다. 모스크바에서 멀리 떨어진 도시 상트페테르부르크에서 공부하고 있던 탓에 쉽게 결정을 내리기 어려웠다. 나는 일단 파트너십에 대해 조금 더 상의해보는 것으로 하고 그 자리를 마무리했다.

프랭클린코비 러시아 지사의 제안은 마음에 들었다. 하지만 공부와 병행하기에는 지리적인 제약 조건이 있었기에 어쩔 수 없이 다음 기회를 엿봐야 했다. 대신 더 매력적인 일을 찾아 나섰고, 문화예술의 중심지인 상트페테르부르크에서 가이드가 되었다. 내가 하고 싶은 강연 및 리더십 연구에 도움이 되는 경험이라 생각해서 결정했다. 나는 고객을 만나면 지식과 감동을 전하는 '지감가이드' 윤스키라고 소개하며 일을 시작했다. 가이드 일은 즐겁고 보람차고 행복했다. 직업에 대한 자부심도 느껴졌다. 지금도 다시 그 일을 하라면 기쁜 마음으로 하고 싶다.

그런데 처음 가이드를 한다고 했을 때 부정적으로 바라보는 분들이 있었다. 심지어 "공부하러 와서 웬 가이드 질이냐?"라고 말하는 분도 있었다. 물론 그분들이 그렇게 생각하신 이유가 있다. 여행사를 통해 패키지 가이드로 여름에 바짝 일하면 학생 시절 만져보기 어려운 큰돈을 벌 수 있었는데, 여기에 문제점도 있었다. 여름에 열심히 번 돈을 학비에 보태 전공을 마치는 사람도 있었지만, 흥청망청 써버리고 공부를 접고 가이드만 하는 사람도 있었다. 내게 쓴소리를 한 분들은 나도 그렇게 될까 염려했을 것이다. 하지만 가이드 일이 적성에 맞아 아예 전업하는 사람도 있으니 너무 흑백논리로 판단할 필요는 없을 듯하다.

나에게는 가이드라는 직업이 다음의 의미에서 매력적으로 보였다. MTI라는 회사에서 파트너로 일하자는 제안을 포기하고 가이드를 선택한 것도 그 이유에서였다.

첫째, '지적 대화를 위한 넓고 얕은 지식'이다.

전문가는 아니지만, 역사, 문화, 미술, 음악, 문학 등 다양한 분야에 관한 공부를 해야 했다. 공부한 만큼 많은 사람과 대화할 수 있는 소재가 많아질 것으로 생각했다. 가이드는 문화예술에 대한 지식을 꾸준히 습득해야만 하는 일이었다. 어떤 분에게 리더들은 자신의 분야보다 다른 분야에 관해 이야기 나누는 것을 좋아한다는 말을 듣고는 나의 공부와 경험이 리더들과의 대화에서 좋은 소재가 될 수 있겠다고 확신했다.

둘째, 만남이다.

가이드를 하면 한국에서 만나 뵙기 어려운 분들을 만날 수 있다. 러시아라는 지역과 언어의 특성상 여행객들은 이 지역을 매우 생소해한다. 특히 언어가 어려워서 가이드 의존도가 높아질 수밖에 없다. 가이드는 통역도 할 수 있기에 꼭 여행객만이 아니라 대기업 임원, 정치인, 판사, 국방부 높은 분들조차도 가이드를 찾는 경우가 많다. 나는 한국의 유명한 사진작가와 사업가들을 위해 통역을 하기도 했다. 이런 만남은 여러 분야 인사들의 생각을 배울 기회를 준다. 리더는 그런 배움에 적극적일 필요가 있다. 다른 사람의 생각을 알아야 리더십을 발휘하기 쉽기 때문이다.

셋째, 소통 능력이다.

가이드는 똑같은 지식을 다양한 연령대의 고객들에게 전달한다. 그러므로 연령대에 맞는 맞춤형 소통이 필요하다. 나는 이런 소통 능력을 돈을 내고서라도 배우고 싶었다. 리더에게 소통 능력은 필수이기 때문이다. 이 귀한 능력을 가이드를 하면 돈을 받으면서 배울 수 있으니 얼마나 좋은가.

넷째, 인간관계 능력이다.

가이드는 다양한 사람들을 접하게 된다. 그야말로 별의별 사람이 다 있다. 별난 사람들 때문에 마음이 힘들 때도 있지만, 조금 관점을 바꾸면 사람을 이해하는 법을 배울 수 있다. 나를 좋아해주는 사람과 늘 붙어 있으면 평안할 수는 있지만 성장이 더딜 수 있다. 사람이 성숙해지려면 아픔을 주는 사람과의 시간도 겪어야 한다. 가이드에게는 그런 시간이 충분하다.

가이드 초기에는 여행객의 질문에 제대로 답변도 못 할까 봐 두려웠었다. 여행객 자체가 두려움의 대상이었다. 그런데 시간이 지나면서 모르면 모른다고 말할 수 있는 두꺼운 얼굴도 생겼다. 나는 투어를 진행할 때 "혹시 제가 잘못 알고 있는 정보나 유익한 지식은 알려달라"는 부탁의 멘트로 시작했다. 이 멘트가 효과를 봐서 매번 무언가 배울 수 있었다. 똑같은 장소에서도 사람마다 전혀 다른 것을 보고 다르게 느낀다는 것도 배울 수 있었다. 이 배움이 인간관계를 매끄럽게 유지하는 데 도움을 주었다. 인간관계 유지 역시 리더에게는 꼭 필요한 덕목이다.

한번은 세계 3대 박물관 중 하나인 에르미타주 박물관에서 2~3시간 투어를 인도했다. 워낙 성경과 로마신화에 대한 그림과 조각들이 많은 그곳에서 나는 빛의 화가 렘브란트의 작품 중 〈탕자의 귀환〉

에 대해 거품 물고 설명했다. 성경에서 언급된 비유를 다루었지만 기독교 신앙이 없는 사람들에게도 삶을 돌아보게 하는 힘이 있는 작품이었다. 투어를 마치고 왔던 길로 돌아가는데, 〈돌아온 탕자〉 그림 앞에서 눈물을 흘리고 있는 고객을 보게 되었다. 조금 기다렸다 함께 내려오는데, 고객이 이런 말을 했다.

"하나님을 다시 만나게 해줘서 고맙습니다."

그 말에 참 행복했다. 누군가에게 희망을 주었다는 것에 찾아온 행복이었다. 그것은 리더로서의 행복이기도 했다. 리더는 누군가에게 희망을 주는 사람이다. 희망을 주는 사람이어야 한다.

캐롭 나무가 맺은
인재 양성의 열매

부모님이 멋지게 일으킨 사업이 자녀들 세대로 넘어가면서 무너지는 일을 우리 일상에서도 쉽게 찾아볼 수 있다. 어려울 때는 다 뭉치다가 여유로워지면 각자의 이익이 충돌하여 갈라서고 원수가 되는 경우도 많다. 성경에서도 이런 일을 찾아볼 수 있다. 다윗과 솔로몬의 이야기는 기독교인이 아니어도 들어봤을 것이다. 다윗왕이 살아 있을 때 번성했던 다윗왕국은 그 아들 솔로몬 대를 기점으로 남유다와 북이스라엘로 갈라지게 된다. 이와 같이 성경 구약 역사서에는 왕들로 인해 나라가 점점 무너지는 이야기가 심심찮게 나온다. 선왕이 뒤를 이을 인재 양성에 실패한 것이 주원인이라고 본다.

리더가 남길 수 있는 가장 큰 업적은 자신과 같은 인재를 양성하는 것이다. 예수는 많은 사람을 만났지만, 자신이 살아 있는 동안 대부분의 시간을 대중이 아닌 자신의 열두 제자와 함께했다. 자신이 한 것보다 더 큰 일을 그들이 할 거라고 격려했다.

2019년 10월은 참 특별한 시간이었다. 나는 러시아 모교 김나지아 그레이스 설립 25주년 행사를 위해 러시아로 향했다. 특별한 행사였다. 학교를 설립한 GMI 창립자 김광신 목사 내외를 비롯해 학교가 성장할 수 있도록 애쓴 많은 분들이 함께하는 자리였다. 한국, 미국, 심지어 아프리카에서도 그 행사를 위해 여러분이 함께했다.

내가 학생으로 있을 당시에는 보이지 않았던 학교의 모습이 거의 25년이 지난 후에야 보이기 시작했다. 우리 학교는 기업의 빵빵한 후원으로 세운 학교가 아니다. 소련에 다음 세대를 양성해야 한다는 비전을 품은 김광신 목사와 같은 마음을 품은 사람들의 기도와 헌신으로 세운 학교다. 학교 설립부터 수많은 고비가 있었지만 잘 견디고 성장해 번창할 수 있었다.

역설적으로 소련이 붕괴하면서 어려운 시기를 겪지 않았다면 우리 학교는 설립되지 않았을 것이다. 인재 양성은 모든 것이 완전히 준비되고 명확한 계획이 세워졌을 때만 가능한 것이 아니다. 오히려 모든 것이 완벽하지 않아도 그럴 만한 가치가 있다면 대가를 지급하며 그것을 이뤄갈 수 있다. 어려운 때일수록, 위기일수록 인재를 양성하는 것이 중요하다. 난세에 영웅이 나온다는 말이 괜히 있는 것이 아니다. 태평성대에서는 영웅이나 인재가 특별히 활약할 일이 없다.

설립 25주년 행사에 참석해서 만난 내외분이 있다. 우리 학교 설립을 위해 10만 달러를 헌금한 분들이다. 학생으로 있을 때 우리 학교가 누군가의 헌금으로 세워졌다는 이야기를 들은 적이 있었다. 막연하게 '돈 많은 분이 의미 있는 일에 쓰셨겠지' 정도로만 생각했었다. 이번에 뵙고 깜짝 놀랐다. 그분들이 학교 설립을 위해 큰돈을 헌금했을 당시 그분들의 나이는 사십대 초반이었다. 그 헌금은 유학 후 집 장만을 위해 모아둔 청약적금 전부였다.

'나라면 한창 돈을 벌어야 할 나이에 그렇게 할 수 있었을까? 얼굴도 모르는 아프리카 아이들을 위해 내가 모아둔 재산 전부를 기부하라고 하면, 내가 했을까?'

망치로 머리를 얻어맞은 듯했다. '언젠가 더 성공하면, 더 부유해지면, 더 영향력이 생기면 기부해야지'라는 생각을 갖고 있었던 스스로를 반성하게 되었다. 이분들이 나와 똑같은 생각을 가졌었다면, 아마 나는 러시아에서 공부할 수 없었을 것이다.

가난한 아이들을 보면 연민이 생겨 그들을 돕게 된다. 도운 뒤에 그들의 삶이 개선되고, 영양실조 아이가 건강해지면 보람을 느낀다. 하지만 교육은 조금 다르다. 하루아침에 결과가 보이지 않는다. 10년이 걸려도 안 보일 수 있는 것이 초·중·고등학생 교육이다. 심지어 교육에 헌신한 사람이 당대에 결과를 보지 못하고 생을 마감

할 수도 있다. 그런데도 교육에 헌신하신 분들을 나는 너무나 많이 봤다. 감사하게도 평생 그런 분들을 보며 자랐다. 나는 완전한 수혜자로서 그분들의 사랑을 받았다. 그리고 이제는 조금이나마 다른 누군가를 위해 나 역시 헌신할 수 있게 되었다. 그래서 25주년 행사가 특별했다. 내가 이런 삶을 살 수 있게 된 것은 나를 위해 교육으로 헌신하신 분들 덕택이다.

우리 학교 이야기는 책 한 권으로 담아도 모자랄 정도다. 그만큼 수많은 사람의 기도와 노력과 헌신과 사랑 위에 세워졌고, 이어져 왔다. 남자 기숙 고등학교로서 20명 남짓 학생으로 시작했던 학교인데, 이제는 어린이집부터 고등학교까지 모든 교육을 제공하는 남녀공학 학교로 발전했다. 1994년 황무지 같은 곳에 곽정국 곽순희 선교사님 부부와 통역사 슈라 집사님과 교사들의 헌신으로 설립된 학교는 조금씩 체계를 갖추기 시작했다. 후임으로 조경호 선교사 부부가 오고 학교는 조금 더 안정되기 시작했다.

그러다가 2000년대 초반 위기가 닥쳤었다. 원래 있던 학교 건물이 정부 소관으로 넘어가면서 학교는 급하게 다른 부지를 알아봐야 했다. 날벼락 같은 소식이었다. 그 짧은 기간 안에 집을 옮기기도 쉽지 않은데 학교 전체를 옮기는 것은 정말 말도 안 되는 일이었다. 때마침 러시아의 물가 상승과 후원하던 교회의 재정적 불안까지 겹쳐 여러 모로 힘든 상황이었다. 이미 몸뚱이가 커진 학교를 지속하는 것이 불가능해 보여 학교 문을 닫는 일이 벌어질 수도 있었다. 무사히 학교를 이전한다 해도 거리가 멀어 대부분 선생님들이 계속해서 근무하는 게 불가능했다. 학생들도 새로 뽑아야 하는데, 이것 역시 여간 어려운 절차가 아니었다.

그런 난관 속에서 모든 것을 책임지고 학교를 이끌어온 조경호, 조명숙 선교사는 기도에 매달렸고 기적적으로 학교를 이전했다. 그러나 학교의 고정지출을 감당하는 것이 거의 불가능했다. 그러던 중 2기 졸업생 중 한 명이 학교를 찾아왔다. 카자흐스탄에서 온 후배인데, 대학 진학 당시 아버지가 소천하고 모든 재정적 지원이 끊겨 일하면서 어렵게 공부했다. 당시 후배는 어쩔 수 없이 일식집에서 일을 시작했다가 곧 초밥 요리장이 되고, 나아가 자신에게 사업가 기질이 있음을 깨닫는다. 그래서 투자를 받아 일식 레스토랑을 오픈하고, 러시아에서 가장 유명한 일식 가맹점이 된다. 학교를 찾아온 그날 후배는 학교 사정을 전혀 모르고 있었다. 그러다 그 사실을 알고 학교 형편이 나아질 때까지 후원을 약속했다. 후배의 도움에 힘입어 학교는 어려운 시기를 견딜 수 있었다.

카자흐스탄 출신 후배는 설립 25주년 행사에 찾아왔다. 후배는 지금도 학교를 적극적으로 후원하고 있었다. 그날 행사에는 이 후배뿐만 아니라 사회 각 분야에서 열심히 고군분투하며 학교를 돕는 동문들이 여럿 발걸음을 했다. 그들 덕분에 우리 학교는 이제 완전히 재정적으로 자립했다. 나는 그들을 보면서 내가 이 학교의 동문이라는 것이 자랑스러웠다. 나 역시 이바지하고 싶은 마음이 컸다.

가장 감사했던 점은 25년 전 나와 함께 교실에 앉아 있던 친구들이 이제는 학교 교장, 교목, 학과목 선생으로 일하고 있다는 사실이었다. 교회에서 함께 어린 시절을 보냈던 친구들이 함께 이 학교를 이끌어 가고 있다는 사실이었다. 우리 동문의 자녀들이 이 학교에서 교육을 받고 있다는 것은 더 큰 감사였다. 나는 다른 곳에서 더 많은 월급을 받고 일할 수 있음에도 동문들이 모교로 돌아온 이유가 무엇일까 생각했다. 학교에 대한 애정과 신뢰가 없다면 절대 할 수 없는 일이다. 도대체 그런 마음이 어디서 생겼을까? 답을 찾기는 어렵지 않았다. 우리가 학교에서 어른들의 그런 모습을 보면서 자랐기 때문이었다. 수많은 선생님과 교직원들은 우리를 정말 자녀 대하듯 키워주었다.

특별히 지난 20년 넘게 학교 교장으로 교목으로 섬긴 조경호, 조명숙 선교사는 어린 우리를 끔찍이도 믿어주고 기다려주었다. 이분들이 학교에 왔을 때의 나이가 지금 나와 내 동기들의 나이와 비슷하다. 평생을 다음 세대 양성을 위해 헌신하며 20여 년을 걸어온 것이다. 이분들의 리더십이 아니었다면 나를 포함해 우리 동문이 이렇게까지 학교를 사랑할 수 없었을 것이다.

25주년 행사를 마치고 조경호 선교사가 말했다.

"이제는 너희가 이어가라."

지금까지 누군가의 헌신으로 일궈진 이 학교를 계속 지켜달라는 당부였다. 나와 동문들은 이제 우리가 가진 모든 것을 동원해서 돕겠다고 다짐 또 다짐했다.

어느 날, 길을 가던 호니가 캐롭 나무를 심고 있는 남자를 보았다. 호니가 남자에게 물었다.

"열매를 맺기까지 얼마나 걸립니까?"

"70년이 걸립니다."

"그럼 당신은 70년을 더 살고 열매를 먹을 수 있을 거라 생각하십니까?"

"아마도 아니겠지요. 그러나, 내가 이 세상에 태어났을 때, 나의 아버지와 할아버지가 심은 많은 캐롭 나무를 봤습니다. 그들이 저를 위해 심은 것처럼, 저 또한 나의 자녀들과 손주들을 위해 심고 있습니다. 언젠가 그 아이들이 열매를 먹을 수 있겠지요."

교육, 인재양성은 캐롭 나무 심기와 같다. 나는 모교의 설립 25주년 행사에서 한 그루의 캐롭 나무를 심었다.

국가대표의 책임감

"윤재 한국에 계속 두면 인생 망쳐요. 얼른 유학 보내세요."

고등학교에 진학한 형이 부모님 앞에서 걱정스럽게 내 이야기를 꺼냈다. 형의 친구는 삐딱한 학생이 아니었는데도 선생님은 그 형을 엄청 함부로 대했고, 결국 형의 친구는 학교를 자퇴하기에 이르렀다. 자신의 실적에 더 관심 있었던 한심한 선생 한 명 때문에 한 학생의 인생이 백팔십도 달라진 것이다. 이를 곁에서 지켜본 형은 친구 때문에 속상하기도 했지만, 나를 더 걱정한 것이다. 형의 요점은 고등학교 선생들은 상위권 아이들에게만 관심을 기울인다는 것이다. 자신은 모범생이니 별문제가 없지만, 중하위권에 있는 나는 가만히 두면 큰일 날 것 같았나 보다. 정말 동생을 사랑하는 멋진 우리 형이다.

형은 한국 교육시스템에 풀어두면 내 인생이 망가질 테니, 이모가 사는 미국으로 보내라며 부모님을 설득했다. 유학 보낼 마음이 없었던 부모님은 반듯한 큰아들의 설득에 마음이 흔들렸다. 그래도 쉽게 결정을 내리지는 못했다. 부모 없이 조기유학 떠난 아이들 중에 성공한 사례도 있지만 삐뚤어진 아이들도 많다는 것을 알기에 더 그랬다.

1990년대 초반 국제사회에서 큰 변화가 있었다. 철의 장벽 소련이 붕괴하면서 서양과 공산주의 국가들의 냉전이 막을 내린 것이다. 1993년에 엄마와 나는 처음으로 상트페테르부르크에서 열린 러시아 선교대회에 참석했었다. 그다음 해에는 아버지가 모스크바 선교대회에 참석했다. 그해에 설립 예정인 고등학교도 방문하고 왔다. 기독교 가치관을 가지고 러시아를 이끌어 갈 인재를 키우기 위한 목적으로 세워진 학교였다. 바로 앞 〈캐롭 나무가 맺은 인재 양성의 열매〉에서 소개한 나의 모교 말이다.

연말에 부모님이 나를 불러 앉혔다. 그리고 진지하게 말씀하셨다.

"널 유학 보내려 하는데, 원하지 않는다면 안 가도 된다. 결정은 네가 내려라. 유학을 가고 싶다면 미국과 러시아 중 어디로 갈래?"

나는 잠깐의 망설임도 없이 대답했다.

"러시아로 갈게요."

일단 유학을 결심하게 된 계기는 변화의 필요성을 느꼈기 때문이다. '필요한 존재가 되고 싶다'라는 그 마음. 러시아를 선택한 이유는 4가지다. 모두 뚜렷한 이유이다.

첫 번째 이유는 희소성이었다. 이미 수많은 한국 아이들이 미국을 가고 있는데, 희소성이 있냐는 질문에 답은 '아니오'였다. 러시아의 경우 조기유학을 가는 경우가 전혀 없던 시절이기에 오히려 그것이 더 좋은 기회라고 생각했다.

두 번째 이유는 언어이다. 미래에는 영어가 어차피 필수언어가될 것이기에 미국에 안 가도 영어는 배울 작정이었다. 그러니 러시아어를 배우면 적어도 3개 국어는 할 수 있겠다는 생각이 들었다.

세 번째는 1993년 선교대회에서 본 금발 머리 아가씨들이다. 설마 하겠지만 러시아에는 편의점이나 시골 밭에 가도 전지현, 송혜교가 있다.

마지막으로는 절친 석우와 둘이 갈 수 있다는 조건이었다. 사실혼자는 엄두가 안 났을 텐데 그래도 둘이라는 마음에 결정이 더 쉬웠다. 미국으로 가면 혼자 가야 했고 이모댁에서 거주해야 했던 상황이었다. 그것보다는 친구와 둘이 가는 것이 더 재미있을 것이라생각했다.

드디어 1995년 2월, 친구와 함께 러시아로 유학을 떠났다. 친구부모님과 우리 엄마가 동행했다. 그분들이 학교를 방문하고 귀국할때까지는 실감이 안 났지만, 곧 혼자라는 것을 받아들여야 했다. 내방패였던 형도 부모님도 없다는 것이 실감 났다.

설상가상으로 전지현, 송혜교를 상상하고 갔는데, 학교는 남자만을 위한 기숙 고등학교였다. 미성년자라는 이유로 외출도 금지되어 있었다. 2주일에 한 번 한국에 국제전화가 가능했다. 처음 통화 할 때 석우와 나는 울지 않기로 다짐했는데, 전화통을 잡는 순간 1초도 못 버티고 울음보가 터졌다. 부모님은 이 못난 아들을 "6개월만 있고 힘들면 그냥 한국 와도 된다"며 위로해주었다. 그러자 그 위로가 힘이 되었다. 버틸 힘이 솟아났다. 부모님에게 멋진 모습을 보여주고 싶었다. 러시아는 추위도 너무 추웠지만, 뜨거운 생존 본능이 올라왔다. 어차피 추울 겨울이라면 그냥 겨울을 사랑하기로 마음먹었다. 나는 첫 전화통화 후 마음을 굳게 다잡았다.

처음 러시아 땅을 밟고 학교를 찾아가던 그날이 여전히 생생하다. 앞서 말했지만 친구 석우 부모님과 우리 엄마가 동행했었다. 학교를 설립한 미국 LA 은혜 한인교회의 김광신 목사님과 사모님도 함께했었다. 모스크바 셰례메티예보 공항에 내려 레닌그라드 기차역으로 이동 후 우리 일행은 학교가 있는 상트페테르부르크로 가기 위해 야간열차를 탔다. 태어나 처음 타본 야간열차였다. 러시아 땅이 너무 크기 때문에 하루 이틀 걸리는 거리는 사실 먼 것도 아니라고 했다. 모스크바와 상트페테르부르크는 그렇게 멀지 않아 푹 자고 일어나면 도착해 있을 거라고 했다. 실제로 잠들었다 눈을 떠보니 상트페테르부르크였다.

저녁에 김광신 목사님이 석우와 나를 불러 러시아어를 가르쳐주었다. 1부터 20까지 숫자 세는 법을 배웠고, 간단한 문장 세 개를 배웠다. 목사님은 우리가 단어 20개와 문장 3개를 외우는 데 걸린 시간이 얼마인지 물어보았다. 30분이 채 걸리지 않았다고 대답했다. 그러자 이렇게 3개월만 공부한다면 우리가 일상에서 쓰는 단어와 문장은 거의 다 배울 수 있게 된다는 엄청난 비밀을 알려주었다. 그런데 더 귀한 비밀이 있었다.

목사님이 종이에 적어준 15개의 수칙이었다. 그 보석 같은 종이를 잃어버렸다는 것이 너무 속상하다. 지금도 가장 기억에 남는 것은 "우리는 대한민국을 대표하는 사람이다"라는 수칙이다. 우리 학교에는 러시아 사람들과 소련에서 독립한 구소련 국가들, 흔히 말하는 "탄탄 – 카자흐스탄, 우즈베키스탄, 타지키스탄" 나라에서 온 학생들이 대다수였다. 즉 석우와 나를 제외한 모두이다. 목사님은 그 학생들 중에는 대한민국에 대해 들어보지도 못한 학생들이 많다고 했다. 들어보았다 해도 대한민국에 대해 아는 것이 없다고 했다. 인터넷도 구글 같은 검색엔진도 없던 때니 정말 그랬다.

김광신 목사님의 수칙에 따르면 우리는 국가대표였다. 그 말뜻은 이랬다. 러시아 학생들이 우리가 하는 행동, 말 하나하나를 지켜보고 그것을 기준으로 우리나라를 평가한다는 말이었다. 그러므로 우리는 책임감을 가져야 한다는 뜻이었다. 교회 중등부 때 회장이라는 타이틀을 가졌을 때와는 전혀 다른 느낌이었다. 회장이란 타이틀이 없는데도 지금껏 느껴보지 못한 책임감이 느껴졌다. 내가 우리나라를 대표한다는 사실에 가슴이 벅찼다. 중요한 존재가 되고 싶다는 마음으로 유학길에 올랐는데 나를 믿어주는 김광신 목사님을 만나니 그분의 기대에 부응하고 싶었다. 정말 중요한 존재가 될 수 있을 것 같았다.

국가대표라는 생각은 졸업을 하고 성장한 이후에도 계속해서 나를 이끌었다. 그 생각은, 단순히 누군가에게 관심받고 인정받고 싶어서 노력했던 그런 막내의 습관에서 벗어날 수 있게 해주었다. 나를 조금 더 책임감 있는 성인으로 키워주었다.

인생의 주인공으로
살아가기

나는 국가대표이며 나의 말과 행동이 한국 전체의 이미지로 받아들여진다는 생각은 단 한 번도 해본 적이 없었다. 그런데 김광신 목사님의 그 말씀이 러시아 유학 기간 동안 엄청난 영향을 주었다. 그것은 나를 더 나은 사람으로 만들어주는 아주 감사한 환경이자 보호막이었다.

지금 돌이켜보아도 너무나 감사한 경험이었다. 국가대표라는 딱지는 행복한 부담감이었다. 그 부담감에 스스로 바르게 행동하려고, 잘하려고 노력했다. 그 덕분일까? 러시아 사람들은 한국 사람들과는 다르게 나를 대했다. 러시아 사람들은 중요한 안건들을 나와 상의해주었고, 내가 리더십을 발휘하고 책임을 져야 하는 기회도 많이 주었다. 그런 일들이 자주 생기자 '나는 누군가에게 필요한 존재구나'라는 생각이 들었다.

그런데 방학 때 한국에만 오면 혼란스러웠다. 나이는 고등학생이 되었고 나름 철도 들었던 것 같은데, 내가 러시아에서 하듯 똑같이 행동했음에도 한국에서는 여전히 나를 옛날 장난꾸러기 중학생으로 기억하고 대하는 듯했다. 그렇지만 내가 특별히 할 수 있는 것이 없었다. 그러다 러시아에 돌아오면 다시 인정받고 리더십을 발휘하는 중요한 역할들을 맡게 되었다. 방학이 되어 한국에 가면 또 그대로였다. 이런저런 노력을 했지만 쉽지 않았다.

지금 생각해보아도 한국의 그 사람들을 욕할 처지는 아니다. 꼭 나쁜 의도를 가지고 날 그렇게 대한 것은 아니기 때문이다. 그 사람들은 '윤스키는 이런 사람이야'라는 본인들의 틀에 나를 가둔 것뿐이다. 그 인식의 틀로 인해 내 말과 행동을 받아들일 수 없었던 것뿐이다. 이해는 된다. 집안의 막내는 나이가 들어도 막내 취급을 받는 것과 비슷한 이치다. 언젠가 재미있게 들은 두 할머니의 이야기가 있다. 거의 아흔이 다 되어가는 할머니와 아흔이 조금 넘은 두 할머니가 이런 대화를 나누었다.

"너는 어떻게 늘 애같이 구냐?"

언니 할머니가 동생 할머니를 나무라는 말씀이다. 동생 할머니도 어디 가면 '대빵'인데 언니에게는 늘 철부지 동생이었던 것이다. 동생 할머니는 고분고분하게 언니의 꾸지람을 듣기만 했다.

나도 동생 할머니처럼 그냥 그런가 보다 해야 했다. 물론 정말 원한다면 진지하게 나의 각오를 설명하고, 행동으로 보여주는 방식으로 변화를 시도할 수 있었겠지만, 그때는 방법도 몰랐고, 그렇게 할 의지도 세지 않았다.

이제는 필요에 따라 환경을 바꾸는 것이 더 낫다고 생각한다. 한번 사람들의 의식 속에 자신에 대한 부정적 이미지가 형성되면, 새롭게 뭔가를 해보려고 해도 쉽지 않은 법이다. 그래서 정말 필요하다면 환경을 완전히 바꾸는 것도 좋다고 생각한다. 나는 그렇게 실천하고 있다. 심지어 내가 처음 가는 곳에서 내가 의도한 모습으로 사람들이 나를 인식하도록 내가 선택하기도 한다. 사람들을 조정하는 것이 아니라 지혜롭게 나를 돕는 환경으로 만드는 것이다. 사람들이 내가 원하는 대로 나를 대하지 않는다고 불평하기보다, 나를 그렇게 대할 수 있도록 내가 주도적으로 행동해야 한다는 것을 알게 되었다.

인생의 주인공은 '나'다. 주도적으로 행동한다는 것이 생각처럼 쉽지 않은 일임은 분명하다. 하지만 의지가 있다면 자신에 대한 믿음을 가지고 '나'를 둘러싼 이 단단한 벽을 허물기 위해 노력해야 한다. 온갖 방법을 다 써보겠다는 의지도, 환경을 바꾸겠다는 용기도 필요하다. 물론 환경만 바꾸는 것이 아니라 그에 맞게 자신의 태도와 행동도 바뀌어야 한다는 것은 말할 필요도 없다.

남을 탓하기보다, 환경을 탓하기보다 아무것도 하지 않는 자신을 직시하고, 채찍질해야 한다. 남에게 인정받기를 바라지 말고, '내'가 먼저 '나'를 인정해야 한다.

대한민국 리더십 프로젝트

세월호는 대한민국 모든 국민의 마음에 씻을 수 없는 아픔을 남겼다. 나는 당시 미국에 있었지만 잠도 오지 않고 일도 손에 잡히지 않았다. 틈만 나면 뉴스를 확인했고, 그 어느 때보다 간절한 마음으로 기도했다. 시간이 지날수록 아무것도 할 수 없는 나 자신이 원망스러웠다.

유리창 안에서 두려움에 떨며 살려달라고 외치던 아이들의 모습이 지금도 선명하다. 아이들이 남기고 간 문자들을 보면 더 가슴 치게 만든다. 내 마음이 이렇게 아픈데 유가족들의 마음은 어떨까? 과연 무엇이 그들에게 위로가 될까?

요즘 우리나라는 학교폭력이 그 어느 때보다 격해진 것 같다. 어려서부터 다들 왕따를 겪는다. 요즘 애들이 악해서 그런다는 견해도 있지만, 누군가를 따돌리고 폭력을 행사하는 아이들이 원래 악해서 그렇게 행동하는 것일까? 어른의 책임은 없는 것일까? 인간의 내면에는 선한 마음과 악한 마음이 공존한다고 생각한다. 하지만 어린아이가 성장해서 악한 가해자가 되기까지는 시간이 걸린다. 어려서부터 부모와의 유대감이 돈독한 아이였다면 절대 그런 가해자가 될 리 없다.

성남 판교에 있는 우리교회 김양재 담임목사는 "문제아는 없고 문제 부모만 있다"라는 역설적인 말을 한 적이 있다. 결국, 시작은 부모이다. 물론 부모도 자신의 부모에게서 충분한 사랑을 못 받아 그럴 수 있지만, 성인이 되면 어린아이 때보다 선택할 수 있는 능력이 크다. 피해의식만 가지고 있다가는 절대 우리 자녀들을 문제에서 구할 수 없다.

3P 자기경영 연구소 강규형 대표 강의에서 인용되었던 기사 내용이다. 중학생 딸아이가 엄마에게 물었단다.

"엄마, 우리 학교에 애들이 따돌려서 늘 혼자인 친구가 하나 있어. 내가 그 아이 친구가 되어줘도 될까?"

그 말을 듣고 엄마는 정색하며 이렇게 대답했단다.

"그런 애들과 어울리면 너도 따돌림 당해. 애들이 그렇게 대하는 데엔 다 이유가 있어."

다음 날 이 여학생은 자살했다. 딸은 엄마에게 자신의 이야기를 했던 것이다. 엄마는 따돌림 당하는 여학생이 자기 딸인 줄은 꿈에도 몰랐다. 이 얼마나 가슴 아픈 이야기인가?

　나도 어릴 적 학교에서 선배들에게 맞은 적이 있다. 친구랑 싸우다 맞아서 얼굴에 피가 난 적도 있다. 그런 일들을 당했을 때 부모님에게 솔직하게 말씀드리고 도와달라고 요청하는 것이 어려웠다. 늘 축구나 농구를 하다 다쳤다고 둘러댔다. 아마도 이 중학교 여학생이 마지막으로 도움의 손길을 구한 사람은 엄마였던 것 같다. 그런데 엄마의 말에 모든 희망을 잃었을 것이다.

　이렇게 아파하며 도와달라고, 살려달라고 외치는 아이들이 얼마나 많을까? 도움을 어떻게 요청할지도 몰라 그냥 고통 가운데 있는 아이들이 얼마나 많을까? 딸을 키우는 아빠로서 딸이 그런 일을 겪는 것을 상상만 해도 마음이 찢어지는 것 같다. 그런데 그 딸이 내게 와서 "살려달라"고 할 때, 나는 아이의 마음을 읽고 도울 만큼 민감하고 성숙한 아빠일 수 있을까? 세월호와 함께 무기력하게 떠나보낸 아이들처럼 그렇게 떠나보내지는 않을까?

　나는 개인의 성장과 리더십에 관심이 많다. 사람은 성장해야 리더가 될 수 있고, 리더가 성장하면 수많은 사람이 혜택을 본다.

"리더가 성장하면 모두가 승리한다."

"When a leader gets better, everybody wins!"

나는 세상이 더 나아져 내 아이가 자랄 세상은 더 안전하기를 바란다. 각자 자신의 자리에서 더 훌륭한 리더로 선다면 이 세상은 틀림없이 달라진다. 리더로 선다는 것이 리더라는 지위에 오르는 것을 가리키는 것이 아니다. 리더답게 자신과 다른 이들을 이끄는 삶을 사는 것을 말한다. 사람을 귀하게 여기고 다른 사람의 필요에 관심을 가지는 사람. 그가 바로 리더이다.

나는 엄마들에게 세상을 바꿀 큰 힘이 있다고 믿는다. 사회를 구성하는 가장 작은 단위가 가정이며, 거기서 가장 큰 영향력을 가진 사람은 엄마다. 아빠들이 큰소리는 쳐도 실세는 아니다. 나 역시 마찬가지다. 결국, 아이들은 엄마 말을 듣는다. 나는 엄마가 살면 가족이 산다고 생각한다. 엄마가 살면 남편도 살리고 자식도 살린다. 그게 엄마들의 힘이다. 엄마가 건강해야 가족도 건강하다. 그만큼 엄마의 힘이 세다. 엄마는 리더가 될 수 있다. 물론 엄마뿐 아니라 아빠의 역할도 중요하다. 아빠도 아빠의 역할에 충실하면 리더가 될 수 있다. 그렇게 우리 모두는 리더가 될 수 있고, 우리 힘으로 세상을 바꿀 수 있다. 각자가 자기 자리에서 더 아름다운 세상을 만들기 위해 노력하면 이 세상은 반드시 더 나아진다. 다시 말하지만 개인의 성장과 리더십이 더 아름다운 세상의 문을 여는 열쇠가 될 수 있다.

나는 세월호 아이들을 구할 수 없었다. 그리고 이 세상 아이들의 모든 아픔을 이해하고 품어줄 수는 없다. 하지만 내가 더 나은 리더로 성장하면서 우리 딸을 살리고 싶다. 그 마음이 더 큰 영향력으로 번져 많은 아이들을 도울 수 있으리라 믿는다. 이런 마음을 공유하는 사람들이 많아진다면 마음의 병을 앓는 아이들을, 삶의 방향을 잃고 혼란스러워하는 아이들을 따뜻하게 품을 수 있지 않을까 생각한다. 세월호에 대한 아픔에 조금이라도 공감하는 사람이라면 지금 주변을 돌아보고 도움이 절실히 필요한 아이들을 찾기를 바란다. 그것이 모든 리더의 과제다.

에필로그

2019년 12월 짙은 안개가 긴 새벽 공기는 꽤 쌀쌀했다. 희뿌연 가로등 불빛만 다리 위를 비추고 있었다. 마스크, 모자, 이어폰까지 낀 완전 무장상태로 달리기를 하던 나는 한순간 멈칫했다. 어렴풋한 무언가가 다리 위 난간 쪽에서 움직이고 있었다. 그 순간 머리가 하애졌다.

'설마…….'

가벼웠던 발걸음이 그대로 딱 멈춰 버렸다. 난간 쪽에서 움직이고 있던 것은 교복을 입은 소녀였다. 등교하기에는 너무도 이른 시간이었다. 고등학생처럼 보이는 소녀는 두툼한 겨울 패딩 위로 책가방도 메고 있었다. 강 위의 다리. 아주 높은 다리는 아니지만 어떻게 떨어지는지에 따라 큰 부상 혹은 사망도 가능한 다리다. 난간을 넘어 다리 바깥쪽에 웅크리고 있던 소녀는 내가 멈춰 서서 자신을 바라보는 걸 알고는 난간 위에서 미동 없이 입술만 움직였다.

"알겠어요……. 나갈게요……."

나는 임기응변에 강한 사람도 아니고 위기상황에서 주도적으로 문제를 해결하는 스타일도 아니다. 때문에 그 순간 무엇을 해야 할지 몰랐다. 무슨 말을 해야 할지도 몰랐다.

'도대체 왜 그런 거지? 내가 뭐라도 해야 하나?'

그 잠깐이 한 시간 같았다.

무엇을 해야 할지 몰랐지만 소녀를 그냥 보내서는 안 될 것 같았다. 일단 소녀에게로 달려가 근처 편의점에 가자고 했다. 한 시간 정도 아이의 이야기를 들어주었다. 학교생활, 선생님, 가족, 질병에 관한 이야기가 끊임없이 나오는데, 내가 해줄 수 있는 건 고작 이 말뿐이었다.

"얼마나 힘들었으면……."

그 어느 때보다 강렬하게 슈퍼맨이 되고 싶었고, 어떻게든 돕고 싶었다. 하지만 내가 할 수 있는 일은 소녀의 이야기를 들어주는 것뿐이었다. 조언 따위가 도움이 될 리가 없었다. 쉽게 달라질 환경도 아니었다. 내가 소녀를 위해 할 수 있는 일이 아무것도 없다는 것, 그리고 소녀는 다시 고된 삶으로 돌아가야 한다는 현실에 허탈감과 알 수 없는 분노가 올라왔다.

2019년 자살위험 학생 수가 2만 명에 이르고 연간 1,700명이 극단적인 선택을 한다는 기사를 보았다.

'2만 명이나 된다는 자살위험 학생들이 똑같이 힘들다고 외치고

있는 것은 아닐까? 다리 난간에 있던 소녀도 그날 그렇게 외치고 있었던 것은 아닐까?'

소녀의 모습이 잊히질 않는다. 그날 나는 소녀에게 이 말을 꼭 하고 싶었다. 조금만 용기를 내라고. 그러나 망설임 끝에 결국 하지 못했다. 나 스스로가 용기를 내지 못하면서 누구에게 그런 말을 할 수 있겠는가.

세상을 바꾸는 것이 아니라, '내' 앞에 있는 한 사람을 안아주는 것이 삶의 목표라던 테레사 수녀님이 생각났다. 내가 있는 이 자리에서 무엇을 할 수 있을지 고민했다. 그리고 결심했다. 용기를 내서 책을 쓰기로. 이 책은 바로 그 소녀를 위한 나의 마음이다. 나도 노력하고 있으니 조금만 용기를 내라고 말해주고 싶었고, 나 스스로 증명해 보이고 싶었다. 이 책이 그 증명의 시작이다.

소녀에게, 그 소녀처럼 힘든 사람들에게 조금만 힘을 내라고, 간곡히 부탁하는 마음으로 이 책을 바친다.

사람을 살리는 일은 모든 조건을 갖추고 그럴듯한 성공을 거둔 사람들의 몫이 아니다. 모두의 몫이다. 다만 모든 것을 포기하고 싶을 만큼 좌절과 절망을 겪었던 이들은 더 잘해낼 수 있다. 버텨낸 그 경험 자체가 누군가에게 용기와 희망을 줄 수 있기 때문이다.

자신의 삶을 사랑하는 마음, 그리고 어려운 이들에게 손 내밀어 주는 따뜻함. 이것들이야말로 세상 모든 리더에게 필요한 기본 덕목이 아닐까. 나는 그 덕목을 지닌 채 오늘도 리더의 삶을 향해 한 걸음 나아간다.

2020년 12월
윤스키